COLLECTION
ÉTRANGÈRE

STUART MILL

POUR LA LIBERTÉ

LIBRAIRIE HATIER

Nº 295

Traduction

JOHN-STUART MILL

POUR LA LIBERTÉ

Traduction nouvelle

Avec Biographie et Étude philosophique

PAR

PAUL LEMAIRE

Professeur de Philosophie, Docteur ès-Lettres.

PARIS

LIBRAIRIE HATIER

8, rue d'Assas, VIe

BIOGRAPHIE

John Stuart Mill naquit à Londres, le 20 mai 1806. Il appartenait à une très modeste famille. Son grand-père avait exercé le métier de cordonnier, sa grand'mère, Isabelle Ferton, avait été servante. Son père, James Mill, destiné à l'état ecclésiastique, avait été envoyé au collège de Montrose, puis à l'Université d'Édimbourg, grâce à la générosité d'un gentilhomme qui l'avait remarqué, sir John Stuart, de la famille royale des Stuarts. Ayant perdu la foi, James Mill partit pour Londres en 1802, se fit journaliste, fonda une revue, et étudia avec passion les questions politiques et économiques. Il se maria en 1805 avec miss Harriett Barrow, dont il eut neuf enfants. Stuart Mill était l'aîné. Il eut pour parrain le John Stuart qui avait été le bienfaiteur de son père, et reçut de lui ses prénoms, qu'il devait illustrer. Son père lui donna une éducation singulière, tendant uniquement au développement des facultés intellectuelles. A huit ans Stuart Mill avait lu dans le texte et traduit Lucien, Diogène de Laerte, Xénophon, Hérodote, quelques dialogues de Platon, Plutarque. Il apprenait alors le latin, qu'il enseignait en [illegible]me temps aux plus jeunes membres de la famille ; il étudiait au[illegible]. l'arithmétique, l'algèbre et la géométrie[1]. A douze ans il s'initiait à la philosophie ; à quinze ans il avait terminé ses études. « Cet enfant est un prodige, écrivait alors un ami de la famille, Francis Place, émerveillé de la précocité de ses connaissances, mais il est destiné à devenir morose et égoïste. » Cette prophétie ne devait pas se réaliser, grâce à une crise mentale, [illegible] à la bienfaisante influence d'une femme philosophe, Madame Taylor, qui devait un jour devenir son épouse.

Stuart Mill a raconté lui-même dans ses *Mémoires* dans quel état l'avait mis la pédagogie impitoyable de son père, et comment il en sortit.

« Ayant lu *Bentham*, j'avais un objectif, un but dans la vie ; je voulais m'appliquer à réformer le monde. L'idée que je me faisais de mon propre bonheur se confondait avec celle-là. Cela alla bien pendant quelques années... Mais vint un jour où cette belle confiance s'évanouit comme un rêve. C'était durant l'automne de 1826 ; il m'arriva de me poser cette question : Imagine-toi que le but que tu poursuis soit réalisé, que tous les changements dans les opinions et les institutions dans l'attente desquels tu passes ton existence

1. Pas de jeux dans cette singulière éducation ; ils étaient remplacés par des promenades avec James Mill, qui rappelaient celles d'Aristote avec ses disciples. Stuart Mill s'instruisait en marchant. Une telle culture était propre, comme on l'a dit, « à faire d'un homme ordinaire, un intellectuel raté, insupportable et dangereux ». Quand Stuart Mill eut terminé ses études, il fit un voyage en France avec le général Bentham, frère du célèbre économiste, séjourna au château de Pompignan, près Toulouse, se rendit aux Pyrénées, visita Bayonne, Luchon, « heureux de respirer une année entière l'atmosphère douce de la vie que l'on mène sur le continent ». A Paris, au moment du retour, il entra en relations avec J.-B. Say et Saint-Simon.

soient accomplis, serais-tu heureux pour cela ? — « Non ! » me répondit aussitôt une voix intérieure que je ne pus m'empêcher d'entendre. Je me sentis défaillir ; tout ce qui me soutenait dans la vie s'écroula... Le charme qui me fascinait était rompu... Il ne restait rien à quoi je pusse consacrer ma vie... Les sources de la vanité et de l'ambition paraissaient taries en moi aussi complètement que celles de la bienveillance. » La crise se dénoua très simplement, en rendant à l'activité affective la place qui lui revenait dans la vie. « Un rayon de soleil, dit-il, vint illuminer les ténèbres dans lesquelles j'étais plongé. Je lisais tout à fait par hasard les *Mémoires* de Marmontel : j'arrivai à la page où il raconte la mort de son père, le dénuement dans lequel se trouva sa famille, l'inspiration soudaine par laquelle lui, simple enfant, déclara aux siens que désormais il serait tout pour eux, qu'il remplacerait le cher disparu. L'image de cette scène touchante passa alors devant moi, je fus ému jusqu'aux larmes. Dès lors le poids que j'avais sur le cœur fut allégé. L'idée qui me tourmentait, que tout sentiment était mort en moi, s'était évanouie... peu à peu le nuage se dissipa complètement, et je recommençai à jouir de la vie. »

Quant à Madame Taylor, Stuart Mill avait 25 ans lorsqu'il la rencontra, et elle en avait 23. C'était la fille d'un ancien voisin de campagne de James Mill, devenue l'épouse d'un négociant fort honorable mais peu cultivé. Stuart-Mill lui a attribué, dans ses *Mémoires* en particulier, une influence considérable sur son développement moral. C'était certainement une femme d'intelligence supérieure, que Mill fut heureux de trouver en communauté de pensée avec lui. Il posséda dès lors ce qui lui avait manqué dans sa vie.

Bien jeune encore, à dix-sept ans, Stuart Mill entra au service de la Compagnie des Indes, avec un traitement annuel de 750 francs, où il s'éleva peu à peu jusqu'au poste le plus élevé que son père avait occupé avant lui. Il était tenu six heures par jour, ce qui lui permettait de continuer ses études [1]. Il écrivait en même temps dans les journaux et dans les revues. On le voit alors refaire son éducation, et penser par lui-même. S'émancipant de ses maîtres Bentham et James Mill, il subit à cette époque l'influence de Saint-Simon et surtout d'Auguste Comte, ainsi que de Carlyle.

En 1843 paraît le *Système de logique déductive et inductive* qui obtient tout de suite un immense succès. On reconnaît dans cet ouvrage, dit Taine « un maître qui s'avance et qui parle. » En 1848, sont publiés les *Principes de l'Économie politique* où Mill fait ressortir l'importance de la question sociale. En 1859 il publie son *Essai sur la liberté* dont il avait formé le dessein en gravissant les marches du Capitole. En 1861 il donne son livre de « *Pensées sur le Gouvernement représentatif* » ; en 1865, l'*Examen de la Philosophie d'Hamilton*, ouvrage intéressant à un double point de vue, parce qu'il montre la force et la faiblesse de certains arguments de Mill et de ceux d'Hamilton, puis parce qu'il contient d'importantes concessions qui portent un coup fatal à ses propres doctrines.

1. Disons aussi que cette situation lui permit d'acquérir une fortune assez considérable, qui lui assura l'indépendance et la sécurité. En 1825 son traitement était de 15.000 francs ; en 1836 de 20.000 francs ; en 1856 de 50.000 francs, etc.

En 1863 avait paru l'*Utilitarisme*, où sont contenus des principes de morale. Citons encore l'*Assujettissement des femmes* (1869), l'*Autobiographie* (1873), et les *Essais sur la religion* (1874), ouvrage posthume publié par les soins de Mlle Hellen Taylor, belle-fille de Stuart Mill.

Le philosophe mourut à Avignon le 7 mai 1873.

L'ESSAI SUR LA LIBERTÉ

Stuart Mill regardait l'*Essai sur la Liberté* comme son chef-d'œuvre ; on peut dire que c'est certainement un de ses meilleurs livres. Non que toutes les idées de l'auteur soient également justes, ni que la limite à tracer entre la société et l'individu soit une opération aussi aisée à réaliser qu'il l'imagine, loin de là, mais nul n'a fait valoir aussi bien que lui les avantages du libéralisme.

Dès les premières lignes de son ouvrage Stuart Mill indique ce qu'il entend par ce mot de Liberté, c'est-à-dire la liberté civile ou sociale, la nature et les limites du pouvoir qui peut être légitimement exercé par la société sur l'individu. Un gouvernement est constitué ; quels sont ses droits sur chacun de nous ? Quel est le domaine précis des lois, quels sont les droits imprescriptibles de l'individu ?

Voici les principales idées que Stuart Mill expose dans son livre. C'est la liberté seule qui développe les facultés de l'individu ; elle les développe dans les directions les plus diverses, elle pousse à l'originalité et par suite au progrès. Tarir la source des divergences individuelles, c'est par là même tarir la source de l'énergie nationale. Le grand danger qui menace la société, c'est la domination de la masse, sorte de médiocrité collective. De préférence elle demande ses opinions à des hommes qui ne lui sont pas supérieurs. L'impulsion vers ce qui est noble et intelligent dérive toujours de quelques personnalités. On peut dire que les hommes originaux sont vraiment le sel de la terre. La société a la fâcheuse tendance de vouloir imposer ses idées et ses coutumes à ceux qui s'en écartent, d'empêcher la formation de toute individualité distincte ; d'obliger tous les caractères à se modeler sur le sien. Il y a là un péril contre lequel l'individu a besoin d'être protégé. Le moyen d'y échapper, c'est, encore une fois, la liberté. Et le philosophe a fait ressortir l'importance de la liberté la plus grande possible, tant par rapport aux opinions qu'aux actions. « En effet, dit-il, 1° une opinion qu'on réduirait au silence peut fort bien être vraie : le nier, ce serait affirmer notre propre infaillibilité. 2° Quand bien même l'opinion réduite au silence serait une erreur elle peut contenir, — et c'est même ce qui arrive le plus souvent —, une part de vérité, et puisque l'opinion générale, sur quelque sujet que ce soit, est rarement ou n'est jamais la vérité tout entière, on n'a chance de la connaître complètement que par la collision des opinions adverses. 3° Même dans le cas où l'opinion reçue contiendrait toute la vérité, on la professera comme une sorte de préjugé sans comprendre ses principes rationnels, si elle ne peut être loyalement discutée. 4° Enfin le sens de la doctrine elle-même courra risque d'être perdu, ou affaibli, ou privé de son effet vital sur le caractère et la conduite, car le dogme deviendra une simple formule inefficace pour le bien, empêchant la formation de toute conviction réelle, fondée sur la raison ou sur l'expérience personnelle. »

La liberté de l'erreur est donc une condition nécessaire de la science. Le seul objet qui autorise les hommes, individuellement ou collectivement, à troubler la liberté d'action de quelqu'un de leurs semblables, est la protection de soi-même.

Les bienfaits de la liberté, d'ailleurs, sont immenses : « Elle suscite le génie ; elle trouve en soi sa propre règle et tend naturellement à se mettre d'accord avec les autres libertés ; enfin, du libre jeu des intelligences la vérité se dégage, du libre jeu des intérêts sort l'utilité commune, du libre jeu des volontés individuelles sort une volonté générale qui, sans être infaillible, est toujours perfectible, et a en elle-même de quoi corriger ses propres erreurs. »

En ce qui concerne les actions, elles ne peuvent naturellement avoir une liberté aussi grande que les opinions. Mill prétend toutefois que la valeur des différentes façons de vivre doit être éprouvée dans l'expérience, ce qui n'est possible que si l'on laisse aux diversités du caractère un champ aussi vaste que possible, sans porter dommage à autrui. C'est une condition du propre bonheur de l'individu ainsi que du progrès individuel et social, que sa façon d'agir soit déterminée par son propre caractère, et non par la tradition et l'usage. Les fortes impulsions et les forts désirs sont un bien, c'est l'étoffe dont on fait les héros, et les hommes agissent mal, non parce que leurs désirs sont forts, mais parce que leur conscience est faible [1].

Et Stuart Mill termine son livre par ces réflexions très judicieuses. « La valeur d'un État, dit-il, c'est la valeur des individus qui le composent. Un État qui rapetisse les hommes, afin d'en faire des instruments dociles de ses projets (même bienfaisants), verra bien vite qu'il fait erreur : il s'apercevra *qu'on ne peut faire de grandes choses avec de petits hommes.* »

1. HOFFDING, *La philosophie en Angleterre avant 1840.* — Avant la préface, on trouve les lignes suivantes : « Le volume est dédié à la chère mémoire de celle qui fut l'inspiratrice, et en partie l'auteur, de ce qu'il y a de meilleur dans mes ouvrages : à la mémoire de l'amie et de l'épouse à qui je dois mes plus vifs encouragements, et dont l'approbation fut pour moi la récompense.

Depuis de nombreuses années tout ce que j'ai écrit est son œuvre autant que la mienne ; mais ce livre, tel que je le publie, n'a pu être revu par elle comme je le désirais, quelques-unes de ses parties les plus importantes, destinées à un second examen ne le recevront jamais. Si j'avais à ma disposition la moitié seulement des grandes pensées, des nobles sentiments qui ont été ensevelis avec elle, le monde en recueillerait plus de fruit que de tout ce que je puis écrire maintenant, laissé à moi seul, n'ayant plus l'assistance et l'inspiration de sa sagesse presque unique. »

POUR LA LIBERTÉ

CHAPITRE PREMIER

Introduction.

Le sujet de cet Essai n'est pas le libre arbitre, mais la liberté civile ou sociale, c'est-à-dire la nature et les limites du pouvoir qui peut légitimement être exercé par la société sur l'individu. C'est une question qui a été rarement posée, jamais discutée à fond, mais qui a une influence profonde sur les controverses pratiques de l'époque par sa présence latente, et qui finira sans doute bientôt à se faire reconnaître pour la question vitale de l'avenir...

La lutte entre la Liberté et l'Autorité est le trait le plus apparent dans les parties de l'histoire qui nous sont de bonne heure les plus familières, particulièrement dans celle de la Grèce, de Rome et d'Angleterre. Mais dans ces anciens temps la contestation avait lieu entre les sujets, ou quelques classes de sujets, et le gouvernement. Par liberté on entendait la protection contre la tyrannie des chefs politiques... Le pouvoir des gouvernants était regardé comme nécessaire, mais aussi comme très dangereux, comme une arme qu'ils se proposaient d'employer contre leurs sujets aussi bien que contre les ennemis extérieurs. Pour empêcher les membres plus faibles de la communauté d'être dévorés par d'innombrables vautours, il était nécessaire qu'il y ait un oiseau de proie plus fort que les autres, chargé de les protéger. Mais comme le roi des vautours n'aurait pas moins été porté à dévorer le troupeau qu'aucune des moindres harpies, il fut indispensable de se tenir dans une attitude perpétuelle de défense contre son bec et ses serres. Par suite le but des patriotes ce fut d'établir des limites au pouvoir que le gouvernement exerçait sur la communauté, et cette limitation était ce qu'ils entendaient par liberté. On s'efforçait d'y arriver par deux moyens, d'abord en obtenant la reconnaissance de certaines immunités, appelées libertés ou droits politiques, qu'on regardait comme ne pouvant être violées sans abus criant de la part des gouvernants, et sans courir le danger d'une résistance particulière ou d'une rébellion générale. Un second moyen était l'établissement de freins constitutionnels, par lesquels le consentement de la communauté, ou d'une corporation d'une autre sorte, représentant ses intérêts, devenait une condition nécessaire à quelques-uns des actes plus importants du pouvoir gouvernant. Le gouvernement fut contraint plus ou moins de se soumettre au premier de ces modes de limitation dans presque toutes les contrées européennes. Il n'en fut pas ainsi pour le second, et, y arriver, ou lorsqu'on le possédait déjà à un certain degré, y atteindre plus complètement, devint partout l'idéal de ceux qui aimaient la liberté. Et aussi longtemps que l'humanité se contenta de faire battre un ennemi par l'autre, et d'être gouvernée par un maître, sous condition d'être garantie plus ou moins efficacement contre sa tyrannie, ils ne portèrent pas plus haut leurs aspirations sur ce point.

Le temps vint, cependant, dans le progrès des affaires humaines, où les hommes cessèrent de penser que c'était une nécessité de nature que leurs gouvernants forment un pouvoir indépendant, opposé à leurs propres intérêts. Cela parut à eux beaucoup mieux, que les différents magistrats de l'État soient leurs tenants ou leurs délégués, révocables à leur gré. De cette façon seulement il semblait qu'ils pourraient avoir la sécurité complète que les pouvoirs gouvernementaux n'agiraient jamais à leur désavantage. Par degrés cette nouvelle demande de gouvernants électifs et temporaires devint l'objet principal des efforts du parti populaire, partout où un tel parti existait ; et on cessa considérablement les efforts précédents pour limiter les pouvoirs des gouvernants. Comme la lutte avait lieu dans le but de faire émaner le pouvoir gouvernant du choix périodique des gouvernés, quelques personnes commencèrent à penser que beaucoup trop d'importance avait été apportée à la limitation du pouvoir lui-même. Ce dont on avait besoin maintenant, c'était que les gouvernants soient identifiés avec le peuple, que leur intérêt et leur volonté soient l'intérêt et la volonté de la nation. La nation n'avait pas besoin d'être protégée contre sa propre volonté. Il n'y avait pas à craindre sa tyrannie contre elle-même ; des gouvernants étant responsables à son égard, promptement révocables par elle, elle pouvait les munir d'un pouvoir dont elle dictait elle-même l'usage qu'il en fallait faire. Leur pouvoir n'était que le pouvoir propre de la nation, concentré et dans une forme convenable pour son exercice. Ce mode de pensée, ou plutôt d'opinion, était commun dans les dernières générations du libéralisme européen, dans la section continentale duquel elle est encore prédominante.

... Cette notion, que les peuples n'ont pas besoin de limiter leur pouvoir sur eux-mêmes, put sembler un axiome tant que le gouvernement populaire fut seulement un rêve... Avec le temps cependant, cela devint réalité ; une république démocratique occupa une belle place sur la surface du globe, et se montra une puissante nation. Le gouvernement électif et responsable devint à son tour sujet aux observations et aux critiques. On s'aperçut alors que de telles phrases « le gouvernement de soi-même » et « le pouvoir des peuples sur eux-mêmes », n'expriment pas la vérité. Les « peuples » qui exercent le pouvoir ne sont pas toujours les mêmes peuples que ceux sur qui ils l'exercent ; et le « gouvernement de soi-même » dont il est question, n'est pas le gouvernement de chacun par lui même, mais de chacun par tous les autres.

En outre, ce qu'on appelle la volonté populaire, c'est pratiquement la volonté de la *partie* la plus nombreuse et la plus active du peuple, la majorité, ou ceux qui réussissent à se faire passer pour la majorité. Le peuple, en conséquence, peut désirer opprimer une partie de ceux qui le composent ; des précautions sont donc aussi nécessaires contre cet abus du pouvoir que contre tout autre. Par suite, la limitation du pouvoir du gouvernement sur les individus ne perd pas de son importance lorsque ceux qui détiennent le pouvoir sont régulièrement responsables envers la communauté, c'est-à-dire envers la partie la plus forte de la communauté.... C'est pourquoi dans les spéculations politiques la tyrannie de la majorité est aujourd'hui rangée parmi les maux contre lesquels la société a besoin d'être gardée.

Comme toutes les autres tyrannies, la tyrannie de la majorité agit surtout par les actes de l'autorité publique. Si elle établit de mauvais décrets au lieu de bons, ou si certains décrets sont rendus au sujet de choses qui ne la regardent pas, elle pratique une tyrannie sociale plus formidable que beaucoup de sortes d'oppression politique, puisque, bien que n'étant pas accompagnée ordinairement de pénalités extrêmes, elle laisse moins de moyens d'échapper, pénétrant beaucoup plus profondément dans les détails de la vie, et enchaînant l'âme elle-même.

Par suite, la protection contre la tyrannie du magistrat n'est pas suffisante. Il faut en outre une protection contre la tyrannie de l'opinion prévalente ; contre la tendance de la société à imposer, par d'autres moyens que les pénalités civiles, ses propres idées et ses pratiques comme règles de conduite à ceux qui ne sont pas de cet avis ; d'arrêter le développement, et s'il se peut de prévenir la formation de toute individualité qui ne serait pas en harmonie avec ses desseins ; de forcer tous les caractères à se modeler sur le sien propre. Il y a une limite à l'intervention légitime de l'opinion collective sur l'indépendance de l'individu ; trouver cette limite, la maintenir contre les accrocs qu'on veut lui faire subir, est aussi indispensable pour une bonne condition des affaires humaines, que la protection contre le despotisme politique.

Mais bien que cette proposition ne soit pas contestée dans ses termes généraux, la question pratique, où placer la limite, comment faire une juste part à la fois à l'indépendance individuelle et au contrôle social, est un sujet sur lequel presque tout est à faire....

Partout où se trouve une classe prédominante, une grande partie de la moralité du pays émane des intérêts de cette classe et de ses sentiments de supériorité sociale. La morale entre les Spartiales et les Ilotes, entre les planteurs et les nègres, entre les princes et les sujets, entre les nobles et les roturiers, entre les hommes et les femmes, a été presque toujours la création des intérêts et des sentiments de cette classe ; et les sentiments ainsi engendrés réagissent à leur tour sur les sentiments moraux des membres de la classe supérieure dans leurs relations entre eux....

L'objet de cet Essai est de démontrer un principe très simple, comme ayant les titres voulus pour déterminer absolument la conduite de la société envers l'individu dans ce qui regarde la contrainte et le contrôle, que les moyens employés soient la force physique sous forme de châtiments légaux, ou la correction morale de l'opinion publique ; ce principe est que la seule fin pour laquelle les hommes sont autorisés, individuellement ou collectivement, à intervenir dans la liberté d'action d'un de leurs semblables, est la protection de soi-même. Le seul but pour lequel le pouvoir peut être à bon droit exercé sur quelque membre d'une communauté civilisée contre sa volonté, c'est de prévenir le mal qu'il ferait aux autres. Son propre bien, soit physique, soit moral, n'est pas un motif suffisant. Il ne peut à bon droit être contraint à faire ou à ne pas faire quelque chose parce que ce serait meilleur pour lui, que cela le rendrait plus heureux, ou parce que dans l'opinion des autres agir ainsi serait plus sage. Ce sont là de bonnes raisons pour lui faire des remontrances, pour raisonner avec lui, pour le persuader, mais non pas pour le contraindre, ou pour lui causer quelque mal au cas où il lui plairait de faire autrement. Pour justifier cette manière d'agir il faudrait que la conduite de laquelle on désire détourner cet homme ait pour but de faire du mal à quelque autre. La seule partie de la conduite d'un homme quelconque pour laquelle il est responsable vis-à-vis de la société est ce qui concerne les autres. Dans la partie qui concerne seulement lui-même, de droit, son indépendance est absolue sur lui-même ; sur son propre corps et son esprit, l'individu est souverain.

Il va de soi que cette doctrine ne s'applique qu'aux êtres humains dans la maturité de leurs facultés. Nous ne parlons pas ici des enfants, ni des jeunes gens au-dessous de l'âge que la loi fixe comme celui de la majorité. Ceux qui se trouvent encore dans un état qui réclame les soins d'autrui, doivent être protégés contre leurs propres actions aussi bien que contre tout danger extérieur. Pour les mêmes raisons, nous pouvons laisser de côté les États arriérés dans lesquels la race elle-même peut être considérée comme étant mineure.... Chez de tels peuples barbares, un souverain intelligent peut se servir des moyens qui lui semblent bons pourvu qu'il s'agisse de l'amélioration des sujets, et que les moyens soient justifiés par les résultats....

Il y a une sphère d'action dans laquelle la société, en tant que distincte de l'individu, n'a qu'un intérêt indirect, si toutefois elle en a un. Je veux parler de cette partie de la vie et de la conduite d'une personne qui n'intéresse qu'elle-même ou qui, si elle intéresse aussi les autres, c'est seulement volontairement, et avec leur consentement éclairé et leur participation. C'est la région propre de la liberté humaine. Elle comprend d'abord le domaine intérieur de la conscience, réclamant la liberté de conscience, au sens le plus étendu, la liberté de pensée et de sentiment ; la liberté absolue d'opinion sur tout sujet, pratique ou spéculatif, scientifique, moral, théologique. La liberté d'exprimer et de publier ses idées peut sembler dépendre d'un autre principe, puisqu'elle appartient à cette partie de la conduite d'un individu qui concerne d'autres gens ; mais étant presque d'aussi grande importance que la liberté de penser elle-même, et reposant en grande partie sur les mêmes raisons, il est pratiquement impossible de les séparer. En second lieu, le principe de la liberté demande la liberté des goûts et poursuites ; le droit de disposer notre vie suivant notre caractère propre ; de faire ce qui nous plait, sans s'inquiéter des conséquences qui peuvent suivre, sans empêchement de la part des autres créatures, tant que nous ne leur nuisons pas, même si notre conduite devait leur paraître folle, perverse ou mauvaise. En troisième lieu, de cette liberté de chaque individu, suit la liberté, dans les mêmes limites, d'association parmi les individus ; liberté de s'unir, dans un but où on ne puisse nuire aux autres, les personnes s'unissant ainsi étant supposées moyennes et non pas contraintes ou trompées.

Aucune société n'est libre, si ces libertés n'y sont pas complètement respectées et sans réserve, quel que puisse être d'ailleurs son gouvernement. La seule liberté qui mérite ce nom c'est celle qui nous permet de poursuivre notre propre bien à notre guise, aussi longtemps que nous n'empêchons pas les autres d'en faire autant. Chacun est le propre gardien de sa santé, soit corporelle, soit spirituelle. L'humanité a tout à gagner en laissant chacun vivre selon ses goûts, plutôt qu'à l'obliger de vivre comme cela paraît bon aux autres hommes.

CHAPITRE II

De la liberté de penser[1] et de discuter.

Le temps est passé, il faut l'espérer, où la défense de la liberté de la presse était nécessaire, comme la revendication d'une des sécurités des citoyens contre un gouvernement tyrannique.... Le peuple lui-même n'a pas le droit d'exercer une telle contrainte soit par lui-même soit par son gouvernement. Un tel pouvoir est un abus. Le meilleur gouvernement n'a pas plus qualité en cela que le pire. Un tel pouvoir est aussi nuisible, ou encore plus nuisible, lorsqu'il est exercé d'accord avec l'opinion publique, que lorsqu'il est en opposition avec elle. Si toute l'humanité moins une personne était d'un même avis, et qu'une seule personne soutînt l'opinion contraire, l'humanité ne serait pas plus juste en imposant silence à cette personne, que celle-ci ne serait juste, si elle en avait le pouvoir, en imposant silence à l'humanité. Si une opinion n'était qu'une propriété personnelle, n'ayant de valeur que pour son propriétaire, si d'être gêné dans la jouissance de cette possession était un dommage purement personnel, cela ferait quelque différence si le dommage était infligé à quelques personnes seulement ou à beaucoup. Mais le mal qu'il y a surtout à imposer silence à une personne qui veut exprimer son opinion, c'est qu'en agissant ainsi on vole l'espèce humaine tout entière, la postérité aussi bien que la génération actuelle, ceux qui se séparent de cette opinion aussi bien que ceux qui l'admettent. Si l'opinion est juste, on les prive de la chance qu'elles auraient de quitter l'erreur pour la vérité ; si au contraire elle est fausse, ils perdent ce qui est presque un aussi grand bienfait, la perception plus nette et l'impression plus précise de la vérité, produite par sa collision avec l'erreur.

Il convient de considérer séparément ces deux hypothèses. Et d'abord il peut se faire que l'opinion qu'on s'efforce de supprimer par l'autorité soit vraie. Ceux qui désirent la supprimer refusent naturellement de reconnaître sa vérité, mais ils ne sont pas infaillibles. Ils n'ont pas l'autorité suffisante pour trancher la question à l'égard de tout le genre

1. Dupont-White dit très justement : « Il y a de saintes pensées qui ont souffert mort et martyre : un échec, s'il en fut, au progrès des âmes et des sociétés. Mais il y a aussi des pensées fausses et désastreuses. Parce qu'une idée a été écrasée dès ses premiers pas, ce n'est pas à dire qu'elle méritât de vivre. Qui dit répression dit quelquefois justice, même dans l'ordre intellectuel. »

humain, et de refuser à toute autre personne les moyens de la juger. Refuser de laisser circuler une opinion, sous prétexte qu'on est certain qu'elle est fausse, c'est prétendre posséder l'absolue certitude. Empêcher toute discussion, c'est proclamer son infaillibilité.... Déclarer une proposition certaine, alors qu'il y a quelqu'un qui nierait sa certitude si cela lui était permis, mais à qui cela est défendu, c'est affirmer que nous-mêmes, et ceux qui admettent notre opinion, sommes les juges de la certitude, juges qui ne veulent pas entendre ceux du parti opposé.... Il y a des occasions dans lesquelles les hommes d'une génération commettent ces épouvantables méprises, qui excitent l'étonnement et l'horreur de la postérité. L'histoire nous fournit à ce sujet des exemples mémorables, où nous voyons le bras de la loi employé à exterminer les meilleurs hommes et à déraciner les plus nobles doctrines, avec un déplorable succès quant aux hommes, quoique quelques-unes des doctrines aient survécu pour être invoquées, comme par moquerie, à la défense d'une conduite semblable à l'égard de ceux qui diffèrent d'eux, ou de leur interprétation reçue.

On ne peut trop souvent rappeler qu'il y eut dans l'antiquité un homme qui se nommait Socrate, et qu'entre celui-ci et les autorités publiques de son temps eut lieu une célèbre collision. Né dans un temps et dans un pays abondant en grandeur individuelle, le souvenir de cet homme nous a été transmis par ceux qui connaissaient le mieux lui et son époque, comme le plus vertueux des hommes, le prototype et le modèle de tous les maîtres de sagesse qui suivirent, source de l'inspiration de Platon et du judicieux eudémonisme d'Aristote, les deux créateurs de l'éthique et de toute autre philosophie. Ce maître reconnu de tous les penseurs qui vécurent depuis, dont la renommée augmentant encore depuis plus de deux mille ans a surpassé en gloire tous les autres grands hommes de sa ville natale, fut mis à mort par ses propres concitoyens, après une condamnation légale, pour cause d'impiété et d'immoralité. On l'accusait d'impiété parce qu'il niait les dieux reconnus par l'État (son accusateur allait jusqu'à dire qu'il n'admettait aucun dieu ; voir à ce sujet l'Apologie). On l'accusait d'immoralité en ce qu'il était dans sa doctrine et ses enseignements un corrupteur de la jeunesse. Il y a lieu de penser que le tribunal le trouva coupable des accusations portées contre lui, puisqu'il condamna en conscience celui des contemporains qui faisait le plus d'honneur à l'humanité à être mis à mort comme un vulgaire criminel.

Pour passer de celui-ci à un autre exemple d'iniquité judiciaire dont il convient de faire mention après la mort de Socrate, citons l'événement qui eut lieu sur le Calvaire il y a plus de dix-huit cents ans. L'homme qui laissa au souvenir de ceux qui furent témoins de sa vie et qui profitèrent de son enseignement une telle impression de grandeur morale que les dix-huit siècles suivants lui ont rendu hommage comme au Tout-Puissant, fut mis à mort ignominieusement. Et à quel titre ? Comme blasphémateur. Les hommes non seulement méconnurent leur bienfaiteur, mais ils le prirent pour exactement le contraire de ce qu'il était, ils le traitèrent comme un prodige d'impiété. On les regarde aujourd'hui comme tels, à cause de la façon dont ils le traitèrent. Les sentiments avec lesquels les hommes regardent aujourd'hui ces événements lamentables, les rendent souverainement injustes dans leur jugement à l'égard de ces malheureux auteurs. Ils n'étaient pas pires cependant que ne le sont communément les hommes, tout au contraire, ils possédaient pleinement les sentiments religieux, moraux et patriotiques de leur temps et de leur pays. Le grand'prêtre, par exemple, qui déchira ses vêtements lorsque furent prononcés les mots qui, d'après les idées de son pays constituaient le crime le plus noir, était sans doute aussi sincère dans son horreur et son indignation, que le sont maintenant les hommes dans les sentiments respectables et religieux qu'ils professent. Et beaucoup de ceux qui attaquent aujourd'hui sa conduite, auraient sans doute agi exactement de même sorte, s'ils avaient vécu à cette époque et étaient nés juifs.

Qu'on me permette d'ajouter un exemple, le plus typique de tous, si l'impression produite par une erreur est mesurée à la sagesse et à la vertu de celui qui la commet. Si jamais quelqu'un, en possession du pouvoir, a pu se croire le meilleur et le plus éclairé parmi ses contemporains, ce fut à coup sûr l'empereur Marc-Aurèle. Maître souverain de tout le monde civilisé, il observa durant toute sa vie non seulement la plus stricte justice, mais, ce qu'on attendait le moins d'un philosophe stoïcien, il eut un cœur très tendre. Les quelques fautes qui lui sont attribuées sont dues à son indulgence, tandis que ses écrits, la plus haute production morale de l'antiquité, diffèrent à peine, si toutefois ils en diffèrent, des enseignements les plus caractéristiques du Christ. Or cet homme, bien meilleur que la plupart des souverains chrétiens qui régnèrent après lui, persécuta le christianisme.... Il ne vit pas que c'était un bien et non un mal pour le monde.... A mon avis, c'est l'un des faits les plus tragiques de toute l'histoire.

C'est avec amertume que l'on songe combien différent eût pu être le Christianisme du monde, si la foi chrétienne avait été adoptée comme religion d'empire sous les auspices de Marc-Aurèle et non de Constantin. Mais ce serait être injuste envers cet empereur, et fausser la vérité que de ne pas admettre qu'il n'ait eu pour persécuter le Christianisme les raisons qu'on peut faire valoir aujourd'hui pour condamner les doctrines antichrétiennes. Que celui donc qui trouve juste qu'on châtie la promulgation des opinions se garde bien d'affirmer son infaillibilité et celle de la multitude, comme fit le grand Antonin avec un si fâcheux résultat....

Certes, le dicton d'après lequel la vérité triomphe toujours de la persécution, est un de ces plaisants mensonges que les hommes répètent l'un après l'autre jusqu'à ce qu'ils passent en lieux communs, mais que toute expérience réfute. L'histoire est remplie de faits montrant la vérité réduite au silence par la persécution. Si elle n'est pas supprimée pour toujours, elle est reculée pour plusieurs siècles.... Le réel avantage que possède la vérité consiste en ceci, que lorsqu'une opinion est vraie, elle peut être étouffée une fois, deux fois, un grand nombre de fois, mais dans le cours des âges il se trouve des personnes pour la remettre au jour, jusqu'à ce qu'une de ses réapparitions tombe sur une époque où, à la suite de circonstances favorables, elle échappe à la persécution assez longtemps pour pouvoir tenir tête aux attaques subséquentes.

On dira sans doute que nous ne mettons plus à mort ceux qui introduisent des opinions nouvelles. Cela est vrai.... Mais il ne faut pas nous flatter de nous être libérés de la persécution légale. Des pénalités pour opinion, ou tout au moins pour son expression, existent encore de par la loi, et leur application n'est pas, même à notre époque, chose tellement rare qu'on ne puisse craindre de les voir reparaître dans toute leur force quelque jour....

Bien que nous n'infligions plus autant de mal qu'autrefois à ceux qui pensent d'une manière différente de nous, il arrive cependant que nous nous faisons à nous-mêmes plus de mal par la manière dont nous les traitons. Socrate fut condamné à mort, mais la philosophie socratique s'éleva comme le soleil dans le ciel, répandant sa lumière sur tout le firmament intellectuel. Les chrétiens furent jetés aux lions, mais l'Église chrétienne s'accrut étonnamment, devenant un arbre majestueux, couvrant les autres et les étouffant de son ombre. Notre intolérance toute sociale ne fait mourir personne, ne déracine aucune opinion, mais elle excite les hommes à les cacher, ou du moins à s'abstenir de tout effort en vue de leur diffusion.... Le prix payé pour cette sorte de pacification intellectuelle est le sacrifice de tout le courage moral de l'esprit humain. La sorte d'hommes qu'on voit poindre sous ce régime comprend ou des individus qui se conforment aux lieux communs, ou des opportunistes de la vérité, dont les arguments sur tous les grands sujets sont choisis pour leur auditoire, et ne sont pas ceux dont ils sont convaincus....

Aucun homme ne peut être un grand penseur qui ne reconnaît pas que comme penseur, c'est son premier devoir de suivre son intelligence, à n'importe quelles conclusions elle le conduise. La vérité même gagne plus par les erreurs de celui qui, après des études et une préparation sérieuses pense par lui-même, que par les opinions vraies de ceux qui les soutiennent seulement parce qu'ils ne se laissent pas penser. Non que ce soit uniquement, ou même principalement pour former de grands penseurs que la liberté de penser soit requise. Au contraire, elle est autant et même plus indispensable, pour rendre capable la moyenne des êtres humains d'atteindre la hauteur intellectuelle dont ils sont capables. Il y a eu, et il peut encore y avoir de grands penseurs individuels, dans une atmosphère générale d'esclavage mental. Mais un peuple intellectuellement actif n'a jamais existé et n'existera jamais dans une semblable atmosphère. Là où par convention tacite les principes ne sont pas discutés, là où la discussion des plus hautes questions qui puissent intéresser l'humanité est close, on ne peut espérer trouver ce degré généralement élevé d'activité mentale qui a fait que quelques époques de l'histoire ont été si remarquables. Nous avons un exemple de ces époques brillantes dans la condition de l'Europe durant les temps qui suivirent immédiatement la Réforme, une autre, bien que bornée au continent et à une classe plus cultivée, dans le mouvement spéculatif de la dernière moitié du XVIIIe siècle, et une troisième de durée plus courte encore, lors du développement intellectuel survenu en Allemagne à l'époque de Gœthe et de Fichte. Ces périodes différaient considérablement relativement aux opinions particulières qu'elles soutenaient ; mais elles étaient semblables en ceci, que durant toutes trois le joug de l'autorité était brisé. Dans chacune le vieux despotisme mental avait été aboli, et un autre, nouveau, ne l'avait pas encore remplacé. L'impulsion donnée à ces trois périodes a fait l'Europe ce qu'elle est maintenant. Depuis quelque temps les apparences indiquent que ces trois impulsions sont maintenant presque épuisées, et nous ne pouvons attendre de nouvel élan, tant que nous n'aurons pas proclamé de nouveau notre liberté mentale.

Passons maintenant à la seconde division de l'argument, et en omettant la supposition que quelqu'une des opinions reçues puisse être fausse, prenons-les comme si elles étaient vraies, et examinons ce que vaut la manière selon laquelle elles seront professées, quand leur vérité n'est pas librement et ouvertement agitée. Quelque répugnance qu'éprouve une personne à admettre la possibilité que l'opinion à laquelle elle tient puisse être fausse, elle devrait être émue par la considération que, quelque vraie qu'elle puisse être, si on ne peut pleinement, fréquemment, et sans crainte la discuter, elle sera tenue pour un dogme mort, et non pour une vérité vivante....

Le plus grand orateur de l'antiquité, après Démosthène, étudiait toujours, dit-on, la cause de son adversaire avec autant de soin, et même davantage, que la sienne propre. Ce que Cicéron faisait pour emporter un succès au forum, doit être imité par tous ceux qui étudient un sujet quelconque en vue d'arriver à la vérité. Celui qui ne connaît qu'un côté de la question ne connaît pas grand'chose. Ses raisons peuvent être bonnes, et il peut se trouver que personne ne soit capable d'y répondre. Mais si, de son côté, il est incapable de réfuter les raisons de son adversaire, s'il ne sait même pas quelles elles sont, il n'a pas d'argument solide pour préférer une opinion à une autre. La vraie position rationnelle pour lui serait de suspendre son jugement, et à moins qu'il ne se contente de cela, ou bien il est mené par l'autorité, ou il adopte, comme la généralité des gens, l'opinion pour laquelle il se sent plus d'inclination, et ce n'est pas assez qu'il écoute les arguments de l'adversaire d'après ses propres maîtres, présentés comme ils l'établissent, et accompagnés par ce qu'ils offrent comme réfutation. Ce n'est pas le moyen de rendre justice aux arguments, ou de les mettre en contact avec son propre esprit. On doit se mettre en état de les connaître des personnes elles-mêmes qui y croient, actuellement, qui les défendent sincèrement, et font tout pour les faire prévaloir. Il faut les connaître sous leur forme la plus plausible et la plus persuasive ; il faut sentir toute la force de la difficulté que la véritable vue du sujet éprouve à se montrer, sans quoi jamais un homme ne possèdera réellement la part de vérité qui, rencontrant la difficulté, sait en triompher. Quatre-vingt-dix-neuf pour cent de ce qu'on est convenu d'appeler les hommes instruits sont dans ce cas, même parmi ceux qui peuvent argumenter facilement pour défendre leurs idées. Leur conclusion peut être vraie, mais elle peut être fausse pour une raison ou pour une autre ; jamais ils ne se sont placés dans la situation intellectuelle des gens qui pensent autrement qu'eux, ni n'ont considéré ce que de telles personnes pouvaient avoir à dire ; conséquemment ils ne connaissent pas, au propre sens du mot, la doctrine qu'eux-mêmes professent. Ils ne connaissent pas ces parties de la doctrine qui justifient le reste ; les considérations qui montrent qu'un fait, qui apparemment est contradictoire à un autre, en réalité est conciliable avec lui, ou que de deux raisons paraissant également fortes, l'une doit être préférée et non l'autre.

Toute cette partie de la vérité qui tranche la question, et entraîne le jugement de tout esprit bien éclairé, leur est étrangère. Elle est seulement connue de ceux qui ont considéré également et avec impartialité les deux côtés de la question, et qui ont fait tous leurs efforts pour bien voir les raisons des deux dans toute leur lumière....

Si toutefois, l'opération malfaisante qui consiste dans l'absence de toute discussion, lorsque les opinions reçues sont vraies, se bornait à laisser les hommes dans l'ignorance des principes de ces opinions, on pourrait penser que celle-ci, si c'est un mal intellectuel, n'est pas du moins un mal moral, qu'elle n'affecte pas la valeur des opinions, en ce qui concerne leur influence sur le caractère. Le fait est, cependant, que non seulement les principes de l'opinion sont oubliés en l'absence de toute discussion, mais même, souvent aussi, le sens de l'opinion elle-même. Les mots qui lui servent de véhicule, cessent de suggérer des idées, ou du moins suggèrent seulement une petite partie de celles qu'ils servaient primitivement à communiquer. Au lieu d'une conception vigoureuse et d'une croyance vivante, il reste seulement quelques phrases retenues par routine ; ou, s'il en reste quelque chose, c'est seulement l'écorce et l'écaille : l'essence en est perdue. Le grand chapitre d'histoire humaine que ce fait occupe et remplit, ne peut être trop étudié et approfondi.

Il est illustré par l'expérience de presque toutes les doctrines morales et les croyances religieuses. Elles sont toutes pleines de sens et de vie pour ceux qui les inventent, et pour les disciples directs des créateurs. Leur sens continue à être senti avec la meme force, aussi longtemps que dure la lutte pour donner à la doctrine ou à la croyance la supériorité sur les autres croyances. A la fin ou elle l'emporte, et devient l'opinion générale, ou son progrès s'arrête ; elle prend possession du terrain qu'elle a conquis, mais cesse de se répandre plus loin. Lorsque l'un ou l'autre de ces résultats est devenu visible, la controverse sur le sujet cesse, et s'éteint graduellement. La doctrine a pris sa place, sinon comme opinion reçue, du moins comme une des sectes ou divisions d'opinion admises : ceux qui la soutiennent en ont généralement hérité, et des conversions d'une de ces doctrines à une autre, étant alors un fait exceptionnel, occupent une place bien petite dans les pensées de ceux qui les professent. Au lieu d'être, comme au début, continuellement en alerte soit pour les défendre contre le monde, soit pour amener le monde à elles, elles ont fait place à une croyance inerte, et ni ils n'écoutent, lorsqu'ils peuvent la défendre, les arguments contre leur croyance, ni ils ne jettent le trouble chez les dissidents (s'il en existe) par les arguments qui militent en sa faveur. De ce moment on peut ordinairement dater le déclin du pouvoir vivant de la doctrine....

Lorsque la croyance en est venue à être héréditaire, qu'elle est reçue passivement, non plus activement, lorsque l'esprit n'est plus poussé si fort qu'au début à exercer ses facultés sur les questions que sa croyance lui présente à ce sujet, il y a tendance progressive à oublier tout de la croyance, sauf les formules, ou à y donner un assentiment inerte et indifférent, comme si, en acceptant cela comme matière de foi dispensait de la nécessité de le pratiquer en conscience, ou de la prouver par expérience personnelle, jusqu'à ce qu'elle cesse presque complètement de se trouver en étroit rapport avec la vie intime de l'être humain. Alors on remarque les cas, si fréquents à l'époque où nous sommes, où la croyance religieuse demeure comme si elle était en quelque sorte en dehors d. esprit, incrustée et pétrifiée contre toutes les autres influences qui s'adressent aux parties plus élevées de notre nature ; manifestant son pouvoir en ne souffrant pas qu'aucune conviction nouvelle et vivante y pénètre, mais ne faisant rien elle-même pour l'esprit ou le cœur, excepté se tenir en sentinelle auprès d'eux pour les maintenir vides.

C'est ainsi que des doctrines capables intrinsèquement de faire la plus profonde impression sur l'esprit, peuvent rester comme des croyances mortes, sans être jamais réalisées dans l'imagination, ou dans les sentiments et l'intelligence, par la façon dont la majorité des croyants soutient les doctrines du christianisme.... Il n'est peut-être pas un seul chrétien sur mille qui se guide dans sa conduite sur les maximes et les préceptes du Nouveau Testament. Le modèle auquel il se rapporte est la coutume de sa nation, la classe à laquelle il appartient, sa secte religieuse. Il a ainsi, d'une part, une collection de maximes morales qu'il croit lui avoir été transmises par une sagesse infaillible comme principes de conduite, et, d'autre part, un tas de jugements et de pratiques de chaque jour, qui s'accordent bien avec quelques-unes de ces maximes, plus difficilement avec les autres, qui sont en opposition directe avec d'autres encore, et forment, somme toute, un compromis entre la croyance et les suggestions de la vie du monde. Au premier de ces modèles il donne son hommage, à l'autre sa réelle obéissance. Tous les chrétiens pensent que bienheureux sont les pauvres et les humbles, et ceux qui sont maltraités par le monde ; qu'il est plus facile à un câble de passer par le trou d'une aiguille qu'à un riche d'entrer dans le royaume des cieux ; qu'on ne doit pas juger pour n'être pas jugé ; qu'il ne faut pas du tout jurer ; qu'on doit aimer son prochain comme soi-même ; que si l'on prend leur manteau, ils doivent encore donner leur vêtement ; qu'il ne faut pas se préoccuper du lendemain ; que si l'on veut être parfait, il faut vendre tout ce que l'on a et le donner aux pauvres. Ils sont sincères lorsqu'ils disent qu'ils croient ces choses. Ils le croient comme les gens croient ce qu'ils ont toujours entendu louer, et jamais discuter.... Mais si quelqu'un leur rappelait que ces maximes exigent une infinité de choses qu'ils ne songent jamais à faire, il n'y gagnerait rien sinon d'être classé parmi ces gens de caractère bizarre, qui affectent d'être meilleurs que les autres. Les doctrines n'ont aucun pouvoir sur l'esprit des croyants ordinaires. Ils sont accoutumés à respecter le son des doctrines, mais n'ont pas le sentiment qui va des mots aux choses signifiées, forçant l'esprit à s'y tenir, à se conformer à ces formules dans leur conduite. Chaque fois que la conduite est en jeu, ils jettent les yeux autour d'eux pour que M. A et M. B leur apprennent jusqu'où ils doivent obéissance au Christ.

Maintenant nous pouvons être sûrs qu'il n'en était pas ainsi dans les premiers temps de l'ère chrétienne. S'il en eût été ainsi, jamais le christianisme ne se serait développé de secte obscure d'Hébreux méprisés, au point de devenir la religion de l'Empire romain. Lorsque leurs ennemis disaient : « Voyez ces chrétiens, comme ils s'aiment les uns les autres » (remarque que personne ne ferait certainement plus aujourd'hui) ils avaient alors un sentiment bien plus vif de leur croyance qu'ils ne l'ont eu jamais depuis. Et on doit probablement attribuer à cette cause ce fait que le christianisme fait maintenant si peu de progrès pour étendre son domaine, et après dix-huit siècles, il se trouve limité aux seuls Européens et aux descendants d'Européens.

La même chose est vraie, généralement parlant, de toute doctrine traditionnelle — de celles de prudence et de connaissance de la vie, aussi bien que de celles de morale ou de religion. Toutes les langues, toutes les littératures, sont remplies d'observations générales sur la vie, et sur la conduite qu'il convient de tenir dans la vie, observations que chacun connaît, que chacun répète ou entend en y acquiesçant, qui sont reçues comme des truismes, et dont cependant beaucoup de gens n'apprennent le vrai sens que lorsque l'expérience, généralement d'une manière pénible, a fait de cela une réalité... La tendance fatale de l'humanité à cesser de penser à une chose dès qu'elle n'est plus mise en doute, est la cause de la moitié de ses erreurs.

Et quoi ! dira-t-on. Est-ce qu'aussitôt que l'humanité a accepté unanimement une vérité, cette vérité périt aussitôt ?... Est-ce que les fruits de la conquête périssent par l'achèvement de la victoire.

Je ne dis rien de semblable. Avec les progrès de l'humanité, le nombre des doctrines qui ne sont plus discutées ou mises en doute augmentera continuellement, et le bien-être de l'humanité peut presque être mesuré d'après le nombre et l'importance des vérités qui sont devenues incontestables. La cessation sur une question à la suite d'une autre, de sérieuses controverses, est un des incidents nécessaires de la consolidation de l'opinion, consolidation aussi nécessaire dans le cas d'opinions vraies, qu'elle est dangereuse et nuisible lorsque les opinions sont erronées. Mais bien que cette diminution graduelle de diversité d'opinion soit nécessaire dans les deux sens du terme, étant à la fois inévitable et indispensable, nous ne sommes pas par suite forcés de conclure que toutes ses conséquences doivent être bienfaisantes.... Une personne qui tient toute son instruction de ses maîtres ou des livres, même si elle échappe à la tentation commune de se contenter de connaissances superficielles, n'est pas dans l'obligation d'entendre les deux côtés de la question.... C'est devenu de mode aujourd'hui de mépriser la dialectique et notamment la logique critique, qui indique les points faibles d'une théorie, ou les erreurs en pratique, sans établir de vérités positives. Cette critique négative, sans doute, serait bien pauvre si on s'y tenait comme à un résultat final ; mais comme moyen d'arriver à une connaissance positive et à se faire des convictions, on ne saurait trop en proclamer la valeur. Tant que dans l'instruction on ne lui aura pas rendu sa place, il y aura peu de grands penseurs, et on remarquera un abaissement général du niveau intellectuel dans tout le domaine de la spéculation placé en dehors des mathématiques et de la physique. S'il y a donc quelques personnes qui contestent une opinion reçue, ou qui agiront ainsi si la loi ou l'opinion le leur permet, remercions-les pour cela, réfléchissons à ce qu'elles nous disent, et réjouissons-nous de ce que quelqu'un fait pour nous ce que nous serions obligés de faire nous-mêmes, autrement (pour peu que nous attachions d'importance à la certitude ou à la vitalité de nos convictions) avec beaucoup plus de travail.

Il nous reste à parler maintenant d'une des principales causes qui rendent avantageuse la diversité des opinions, et qui continuera à le faire jusqu'à ce que l'humanité soit entrée dans un stage d'avancement intellectuel qui semble à présent se trouver à une distance incalculable. Nous avons seulement, jusqu'ici, considéré deux possibilités, à savoir : que l'opinion reçue peut être fausse, et quelque autre opinion conséquemment être vraie ; ou que, l'opinion reçue étant vraie, un conflit avec l'erreur opposée est essentiel pour obtenir une appréhension nette et un sentiment profond de sa vérité. Mais il y a un cas plus commun encore que les deux précédents, lorsque les doctrines en conflit, au lieu d'être l'une vraie et l'autre fausse, se partagent entre elles la vérité ; dans lequel cas l'opinion différente est nécessaire pour fournir le reste de la vérité dont la doctrine reçue donne seulement une partie.... Par suite, toute opinion qui renferme quelque parcelle de vérité que l'opinion commune omet, doit être considérée comme précieuse, de quelque erreur et de quelque confusion que cette vérité soit mêlée. Tout homme qui juge sainement les affaires humaines n'éprouvera aucun sentiment d'indignation parce que ceux qui nous forcent de remarquer des vérités que nous négligerions sans cela, de leur côté en négligent quelques-unes que nous voyons. Bien plutôt, il pensera que puisque l'opinion populaire ne voit qu'un côté de la vérité, il est très désirable que les opinions impopulaires aient aussi des défenseurs qui ne voient également qu'un côté de la vérité, comme étant les plus capables d'attirer l'attention distraite au fragment de sagesse qu'ils proclament, comme s'il était la vérité tout entière.

Ainsi au XVIIIe siècle, alors que toutes les classes de la société étaient éperdues d'admiration en face de ce qu'on appelle la civilisation et les merveilles de la science moderne et de la philosophie, et que comparant les temps anciens et les modernes on mettait ceux-ci beaucoup au-dessus, les paradoxes de Rousseau tombant comme une bombe dans un pareil milieu, vinrent briser la masse compacte de l'opinion qui ne voyait qu'un côté de la question, forçant ces éléments à se reconstituer sous une meilleure forme avec des additions de progrès....

En politique, d'autre part, c'est presque un lieu commun, qu'un parti d'ordre ou de stabilité, et un parti de progrès ou de réforme, sont tous deux des éléments nécessaires d'un état florissant de vie politique, jusqu'à ce que l'un ou l'autre ait tellement étendu sa puissance mentale, qu'il puisse être également un parti d'ordre et de progrès, montrant et désignant ce qui est à conserver et ce qui est à détruire. Chacun de ces modes de penser dérive son utilité des défauts de l'autre, mais c'est surtout l'opposition de l'autre qui maintient chacun dans les limites de la raison et du bon sens.

A moins que les opinions favorables à la démocratie et à l'aristocratie, à la propriété et à l'égalité, à la coopération et à la compétition, au luxe et à l'abstinence, à l'État ou à l'individu, à la liberté et à l'autorité, ainsi que toutes les autres opinions antagonistes de la vie pratique, ne soient défendues avec une égale liberté, ainsi que par un égal talent et autant d'énergie, il n'y a pas de chance pour que les deux éléments obtiennent ce qui leur revient, un plateau de la balance s'élèvera sûrement tandis que l'autre baissera. La vérité, dans les grands intérêts concernant la vie pratique est avant tout une question de combinaison et de conciliation des contraires, si bien que très peu d'hommes ont l'esprit suffisamment large et impartial pour faire ce compromis avec correction, et il doit être fait avec le rude procédé d'une lutte entre gens qui combattent sous des bannières hostiles. Sur l'une quelconque des grandes questions dont nous venons de parler, si l'une des deux opinions a plus de droit que l'autre non seulement à être tolérée, mais encouragée et soutenue, c'est celle-là qui arrive à être mise en minorité.... Lorsqu'il se rencontre des personnes qui sur quelque sujet font exception à l'apparente unanimité du monde, même si c'est le monde qui est dans la vérité, il est toujours probable que ces dissidents ont à dire quelque chose digne d'être entendu, et que la vérité n'aurait rien à gagner à leur silence.

On peut, il est vrai, objecter ceci : « Mais quelques principes reçus, en particulier sur les sujets les plus élevés et les plus vitaux, sont plus que des demi-vérités. La morale chrétienne, par exemple, est sur ce sujet la vérité complète, et si quelqu'un enseigne une morale en désaccord avec celle-là, il est complètement dans l'erreur. » Mais avant de déclarer ce que la morale chrétienne est ou n'est pas, il serait bon de déterminer ce qu'on entend par là. Si c'est la morale du Nouveau Testament, je suis surpris que quelqu'un qui tire sa science de ce livre, puisse supposer que c'est un traité complet de morale.

L'Évangile s'en rapporte toujours à une morale préexistante, et borne ses préceptes aux cas particuliers sur lesquels cette morale est à corriger. De plus il s'exprime presque toujours en termes très généraux, qu'il est souvent impossible d'interpréter littéralement.... Quant à ce qu'on entend par morale chrétienne, qu'on devrait plus justement appeler morale théologique, c'est essentiellement une doctrine d'obéissance passive ; elle conseille la soumission aux autorités qu'on trouve établies, à qui on ne doit pas obéir activement, sans doute, quand elles commandent quelque chose de défendu par la religion, mais à qui on ne doit pas résister et envers qui on doit encore bien moins se révolter, même quand elles nous font du mal. L'idée d'obligation envers le public qu'admet la morale moderne est empruntée aux Grecs et aux Romains, elle ne vient pas du christianisme....

Je crois pour moi que les enseignements du Christ ne contiennent qu'une partie de la vérité, que beaucoup d'éléments essentiels de la plus haute moralité ont été laissés de côté à dessein, par le fondateur du Christianisme, qui ont été rejetés dans le système de morale basé par l'Église chrétienne sur ces instructions. Cela étant, je crois que c'est une grande erreur que de persister à essayer de trouver dans la doctrine chrétienne cette règle complète de notre conduite que son auteur n'a pas voulu exposer dans tous ses détails, mais seulement sanctionner et fortifier.... Je crois qu'une autre morale que celle qui dérive de sources exclusivement chrétiennes, peut exister à côté de celle-ci, pour produire la régénération morale du monde, et que le système chrétien ne fait pas exception à la règle qui veut que, dans un état imparfait de l'esprit humain, les intérêts de la vérité réclament une diversité d'opinions....

Je ne prétends pas que l'usage illimité de la liberté d'énoncer toutes les opinions imaginables, mettrait fin aux maux du sectarisme religieux ou philosophique. Je reconnais que la tendance de toutes les opinions à devenir intolérantes n'est pas guérie par la plus libre discussion, mais est au contraire souvent aigrie et accrue. On rejette, en effet, beaucoup plus violemment la vérité qu'on n'avait pas vue jusqu'alors, parce qu'elle est proposée par des adversaires. Mais ce n'est pas sur le partisan passionné, mais bien sur le spectateur plus calme et plus désintéressé, que cette collision des opinions opère un salutaire effet. Ce n'est pas le conflit violent entre les parties de la vérité, mais la suppression tranquille d'une moitié de celle-ci qui est le mal le plus à craindre. Il y a toujours lieu d'espérer lorsque les gens sont forcés d'écouter les deux côtés ; c'est seulement lorsqu'ils ne s'appliquent qu'à un seul, que leurs erreurs deviennent de vrais préjudices, que la vérité cesse de produire les effets de la vérité, en devenant excessive et faussée....

Ainsi est reconnue maintenant la nécessité pour le bien-être du genre humain d'admettre la liberté d'opinion, et la liberté d'exprimer cette opinion, en l'appuyant sur quatre principaux motifs qu'il convient de résumer brièvement ici. 1° Il peut fort bien se faire qu'une opinion que l'on veut réduire au silence soit vraie : le nier c'est affirmer notre propre infaillibilité. 2° Quand bien même l'opinion étouffée serait erronée, elle peut contenir (et cela est assez fréquent) une part de vérité, et puisque l'opinion générale est rarement ou n'est jamais la vérité, c'est seulement par la collision des deux opinions contraires, que ce qui manque à la vérité a chance d'être connu. 3° Même si l'opinion reçue contient non seulement la vérité, mais la vérité intégrale et est vigoureusement contestée, elle ne sera défendue que comme une sorte de préjugé par ceux qui la professent, parce qu'ils ne saisiront pas le sens de ses principes rationnels. 4° Enfin le sens de la doctrine elle-même courra grand risque d'être perdu, ou affaibli, ou privé de son effet vital sur le caractère et la conduite. Le dogme en effet, deviendra une simple formule, inefficace pour le bien, mais encombrant le terrain, et empêchant toute conviction réelle et profonde basée sur la raison et l'expérience personnelle.

Avant de quitter ce sujet de la liberté d'opinion, remarquons qu'en général les opinions contraires à celles communément reçues ont chance seulement de se faire entendre en employant un langage d'une modération étudiée, et en ayant grand soin d'éviter toute offense inutile. Elles ne peuvent dévier, même si peu que ce soit, de cette ligne de conduite sans perdre du terrain. Au contraire l'injure sans mesure employée par l'opinion prévalente contre l'opinion contraire détourne les gens de celle-ci et les empêche de l'entendre. On doit donc condamner celui, de quelque côté de l'argument qu'il se place, qui dans son argumentation emploierait la mauvaise foi, la malignité, la bigoterie, ou l'intolérance de sentiment. Il faut savoir rendre justice à la personne qui, quelque opinion qu'elle soutienne, a assez de sang-froid pour voir, et assez d'honnêteté pour reconnaître ce que sont réellement ses adversaires et ce que valent leurs opinions, ne cherchant pas à les discréditer, et ne cachant rien de ce qui peut être en leur faveur. Elle est la véritable moralité de la discussion publique, et bien qu'elle soit souvent violée, je suis heureux de penser qu'il y a encore beaucoup de polémistes qui l'observent scrupuleusement, et encore un plus grand nombre qui s'efforcent consciencieusement d'y atteindre[1].

1. Voici quelques lignes de M. Marion, qui sont tout à fait dans le même sens : « Plus une vérité nous paraît fondamentale et importante pour la conduite de la vie, plus nous devons chercher à la répandre, mais par l'enseignement, par la plume, par la preuve enfin, jamais par la force. La libre discussion est d'absolue nécessité dans l'ordre des croyances qui se démontrent et qui se discutent ; et il est évident que, sur ce premier point, la contrainte est déraisonnable et ne saurait être d'aucun effet ; quelle est la contrainte qui pourrait nous amener à croire qu'un triangle a quatre angles ou que la partie est plus grande que le tout ? Comment, par des procédés intolérants, contraindre une volonté à se rendre ? Comment amener un cœur que l'on meurtrit, dont on a exaspéré les passions, à nous faire cet acte de condescendance intime, à abdiquer sa croyance au profit de la nôtre ? Nous cherchons à attirer, à captiver, et nous employons des moyens qui irritent et repoussent !

Parlons d'abord à ceux qui veulent bien nous écouter. Ayons assez raison, soyons assez persuasifs pour les gagner à notre cause, et dans chaque personne que nous aurons ainsi ralliée nous aurons comme un écho de notre voix, un propagateur de nos idées. De proche en proche, pacifiquement, on peut ainsi faire le siège des intelligences rebelles, et tôt ou tard on aura raison de leur résistance. Mieux vaut tard par des moyens nobles, que tôt par des moyens iniques ; mais à vrai dire, jamais, ni tôt ni tard, la violence ne profite à la diffusion de la vérité. »

CHAPITRE III

De l'individualité comme un des éléments de bien-être.

Telles étant les raisons qui rendent cela obligatoire, que les êtres humains soient libres de se former des opinions et de les exprimer sans réserve ; telles étant aussi les conséquences funestes à l'intelligence et à la nature morale de l'homme, à moins que cette liberté soit concédée ou revendiquée en dépit des prohibitions ; nous devons examiner maintenant si les mêmes raisons ne demandent pas que les hommes soient libres d'agir selon leurs opinions, et de les réaliser dans leur vie, sans empêchement soit physique soit moral de la part de leurs semblables, tant qu'ils le font à leurs risques et périls. Cette dernière condition est évidemment indispensable. Personne ne prétend que les actions puissent être aussi libres que les opinions. Au contraire, même les opinions perdent leur immunité, lorsque les circonstances dans lesquelles on les exprime sont telles que leur expression est une instigation positive à un acte nuisible. On peut répandre librement au moyen de la presse cette idée que les marchands de blé sont les affameurs des pauvres, ou que la propriété c'est le vol, mais on sera justement passible d'une punition, si on l'exprime oralement au milieu d'un rassemblement de gens excités qui se tiennent devant la porte d'un marchand de blé, ou même si on la répand dans la même réunion sous forme de tract. La liberté de l'individu doit être ainsi limitée : il ne doit pas faire ce qui peut nuire aux autres gens. Mais s'il se garde de blesser les autres en ce qui les concerne, il doit être libre de mettre en circulation sa façon de voir à ses risques et périls.

C'est que l'humanité n'est pas infaillible ; ses vérités, pour la plupart, ne sont que des vérités approchées ; l'unité d'opinion, à moins qu'elle ne résulte de la comparaison la plus complète et la plus libre des opinions opposées, n'est pas souhaitable, et la diversité n'est pas un mal mais un bien, jusqu'à ce que l'humanité soit devenue plus capable qu'à présent de reconnaître tous les côtés de la vérité. Et comme il est utile, à cause de l'imperfection du genre humain, qu'il y ait des opinions différentes, il est bon aussi qu'il y ait diverses façons de vivre.... C'est le privilège de l'homme, arrivé à la maturité de ses facultés, de se servir de l'expérience et de l'interpréter à sa façon.... Les facultés humaines de perception, de jugement, de discernement, d'activité mentale et même morale ne sont exercées qu'en faisant un choix. Celui qui ne fait quelque chose que parce que c'est la coutume, ne fait pas de choix. Il n'arrive pas à discerner ou à désirer ce qui est meilleur. Les pouvoirs intellectuels et moraux comme les forces musculaires ne progressent que par l'exercice.

Celui qui laisse les autres choisir pour lui sa manière de vivre, n'a pas besoin d'autre faculté que de l'instinct d'imitation du singe. Parmi les travaux de l'homme, le premier est sûrement l'homme lui-même, qu'il faut perfectionner et embellir.... Chez un homme l'énergie peut être employée à un mauvais usage, mais après tout il y a beaucoup plus de bien à attendre d'une nature énergique que d'un tempérament mou et apathique.... En cultivant les sentiments généreux la société fait son devoir, et travaille en vue de ses intérêts, et non pas en rejetant la matière dont on fait des héros, sous prétexte qu'elle ne sait pas les faire. Une personne dont les désirs et les impulsions lui appartiennent en propre, étant l'expression de sa propre nature développée et modifiée par sa propre culture, a ce qu'on appelle du caractère. Celui dont les désirs et les impulsions sont empruntés, n'a pas plus de caractère qu'une machine à vapeur. Si, s'ajoutant à ce qui lui est propre, ses impulsions sont fortes, et sont sous le gouvernement d'une volonté puissante, c'est un caractère énergique....

Ce n'est pas en amenant à l'uniformité ce qu'il y a en eux d'individuel, mais en le cultivant et en le développant dans les limites imposées par les droits et les intérêts des autres, que les hommes deviennent un noble et bel objet de contemplation ; et comme les œuvres tiennent du caractère de ceux qui les font, par le même procédé la vie humaine devient aussi riche, diversifiée, animée. Elle alimente avec plus d'abondance les hautes pensées, élève les sentiments, fortifie le lien qui attache chaque individu à la race, rendant la race elle-même infiniment meilleure....

On a toujours besoin de personnes capables non seulement de découvrir des vérités nouvelles, d'indiquer le moment où ce qui était jadis vérité ne l'est plus, mais encore de commencer de nouvelles pratiques et donner l'exemple d'une conduite plus éclairée, de plus de sens de la vie humaine. Il est vrai que ce bienfait ne peut pas être rendu par n'importe qui. Peu de personnes, en comparaison de l'humanité, existent dont les expériences, si elles étaient adoptées par les autres, seraient un véritable progrès sur les pratiques établies. Mais ces exceptions sont le sel de la terre ; sans ces hommes la vie humaine deviendrait une mare stagnante. Cela, non pas seulement parce qu'ils introduisent un bien qui n'existait pas précédemment, mais parce qu'ils entretiennent la vie dans ceux qui existaient déjà....

Les hommes de génie sont et seront toujours une petite minorité ; mais, en vue de les avoir, il est nécessaire de conserver le sol où ils croissent. Le génie peut seulement respirer librement dans une *atmosphère* de liberté. Les hommes de génie sont, dans la force du terme, d'une individualité plus forte que les autres, moins capables, par conséquent, de se mouler sans une compression nuisible, dans quelques-uns de ces moules que la société tient en réserve, pour éviter à ses membres l'ennui de former leur propre caractère. Les gens pensent que le génie est une belle chose s'il rend un homme capable d'écrire un beau poème, ou de peindre quelque tableau. Mais quand il s'agit du génie au vrai sens du mot, je veux dire l'originalité dans la pensée et dans l'action, bien que tout le monde convienne que c'est chose digne d'admiration, on trouve qu'après tout on peut très bien vivre sans cela.... Qu'on se rappelle toutefois que rien n'a jamais été fait sans qu'il y ait eu quelqu'un qui ait été le premier à le faire, que tout le bien qui existe est le fruit de l'originalité, et qu'on soit modeste assez pour penser qu'elle a encore quelque chose à accomplir, et pour être sûr que moins on a conscience du besoin d'originalité, plus elle est nécessaire....

Actuellement les individus disparaissent dans la masse. Et la masse est toujours une médiocrité collective. Sa mentalité est formée par des hommes de sa trempe, s'adressant à elle ou parlant en son nom dans les journaux sur quelque question actuelle. Je ne m'en plains pas. Mais cela n'empêche pas le gouvernement de la médiocrité d'être un médiocre gouvernement. Aucun gouvernement d'une démocratie ou d'une nombreuse aristocratie soit dans ses actes politiques, soit dans ses opinions, ne s'est jamais élevé au-dessus de la médiocrité, sauf dans le cas où le peuple souverain s'est laissé guider (ce qui a toujours eu lieu dans les meilleurs temps) par les conseils et l'influence d'une minorité ou de quelque homme mieux doué et plus instruit. L'initiation à toutes les choses sages et nobles, vient et doit venir des individus, généralement, au début, de quelque individu en particulier. L'honneur et la gloire des hommes moyens, c'est d'être capables de suivre cette initiative, de pouvoir reconnaître ce qui est noble et sage, et d'y marcher les yeux ouverts....

Qu'est-ce donc qui a fait jusqu'ici des nations de la grande famille européenne une portion progressive et non pas stationnaire de l'humanité ? Ce n'est pas une perfection supérieure qui, lorsqu'elle existe, existe comme effet, non comme cause, mais leur remarquable diversité de caractère et de culture. Les individus, les classes, les nations ont été extrêmement dissemblables ; ils ont suivi une grande variété de sentiers, chacun conduisant à quelque chose d'important. Et bien que, à chaque époque, ceux qui se trouvaient dans les divers chemins aient été intolérants vis-à-vis l'un de l'autre, et que chacun pensait que ce serait une chose excellente, s'ils pouvaient obliger les autres à suivre leur propre chemin, leurs efforts pour entraver le développement l'un de l'autre ont eu rarement un succès permanent, et chacun à son tour a enduré de recevoir le bien que les autres avaient offert.

L'Europe est, à mon avis, pleinement redevable de son développement progressif et varié à cette pluralité de voies. Mais elle commence déjà à posséder ce bienfait à un bien moindre degré. Elle marche décidément vers l'idéal chinois qui consiste à rendre tout le monde pareil...

Jadis, les diverses classes de la société, les divers voisinages, les divers métiers et professions, vivaient dans ce qu'on pourrait appeler des mondes différents ; actuellement ils vivent à un grand degré dans le même monde. Comparativement parlant, ils lisent maintenant les mêmes choses, écoutent les mêmes choses, voient les mêmes choses, vont aux mêmes endroits, ont leurs espérances et leurs craintes dirigées vers les mêmes objets, ils ont les mêmes droits et les mêmes libertés, et les mêmes moyens de les réclamer. Quelque grandes que soient les différences de position qui subsistent, elles ne sont rien auprès de celles qui ont disparu. Et l'assimilation progresse toujours. Tous les changements politiques du temps la favorisent, puisque tous tendent à hausser les basses classes et à abaisser les classes élevées. Chaque extension de l'éducation la favorise, parce que l'éducation assemble les gens sous des influences communes, et leur donne accès au fond général de faits et de sentiments.... Une influence encore plus puissante que les autres à niveler ainsi l'humanité, c'est l'établissement complet dans les divers pays de l'ascendant de l'opinion publique dans l'État....

La combinaison de toutes ces causes forme une si grande masse d'influences hostiles à l'Individualité, qu'il n'est pas aisé de voir comment elle pourra se maintenir sur son terrain. Elle rencontrera dans la lutte une difficulté croissante, à moins que la partie intelligente du public puisse être amenée à sentir sa valeur, à voir qu'il est bon qu'il y ait des différences, même quand elles ne seraient pas pour le mieux, même comme il peut leur sembler, quand quelques-unes seraient pour le pire. Si les réclamations de l'Individualité doivent jamais se faire entendre, l'heure en est venue, alors qu'il manque encore beaucoup de choses pour parfaire l'assimilation imposée.

CHAPITRE IV

Des limites à l'autorité de la société sur l'individu.

Quelle est donc la juste limite à la souveraineté de l'individu sur lui-même ? Où commence l'autorité de la société ? Quelle part de la vie humaine doit être assignée à l'individualité, quelle part à la société ? Chacune recevra ce qui lui revient, si on lui attribue ce qui la concerne plus particulièrement. A l'individualité doit échoir la partie de la vie dans laquelle c'est surtout l'individu qui est plus particulièrement intéressé ; à la société doit être attribuée la partie qui l'intéresse particulièrement.

Bien que la société ne soit pas fondée sur un contrat, et quoiqu'on ne doive rien attendre de bon de l'invention d'un contrat en vue d'en déduire des obligations sociales, chacun de ceux qui reçoivent cependant la protection de la société lui doit quelque chose en retour pour ce bienfait. Le fait de vivre en société rend cela indispensable, que chacun soit tenu d'observer à l'égard des autres une certaine ligne de conduite. Cette conduite consiste d'abord à ne pas nuire aux intérêts d'autrui, qui, soit par une expresse disposition légale, soit par un accord tacite, doivent être considérés comme des droits ; en second lieu, à ce que chaque personne prenne sa part (qu'on doit fixer d'après quelque principe équitable) des travaux et des sacrifices obligés pour défendre la société ou ses membres contre l'injustice et les vexations. La société en toute justice peut imposer ces conditions à tout prix à ceux qui cherchent à ne pas les remplir. Et cela n'est pas tout ce que la société peut faire. Les actes d'un individu peuvent être nuisibles aux autres, ou ne pas tenir compte suffisamment de leur bien-être, sans aller jusqu'à la complète violation de leurs droits constitués. Le coupable peut alors justement être puni par l'opinion bien qu'il ne le soit pas par la loi. Aussitôt qu'une partie de la conduite d'une personne cause préjudice aux intérêts des autres, la société a le droit d'intervenir, et la question de savoir si le bien-être général sera ou non favorisé par cette intervention, devient objet de discussion. Mais il n'y a pas lieu de discuter une telle question, lorsque la conduite d'une personne n'affecte que ses propres intérêts, ou n'affecte ceux des autres que parce qu'ils le veulent bien. Dans de telles circonstances, on devrait être parfaitement libre, légalement et socialement, de faire l'action et d'en subir les conséquences.

On se méprendrait grandement au sujet de cette doctrine, si l'on supposait que c'est une doctrine d'égoïsme et d'indifférence, qui prétend que les êtres humains n'ont rien à voir vis-à-vis l'un de l'autre dans la conduite de la vie, et qu'ils ne doivent s'inquiéter du bien-être des autres, que lorsque leur propre intérêt est en jeu. Au lieu d'une diminution, il est besoin d'un grand accroissement d'actes désintéressés pour développer le bien des autres. Mais la bienveillance désintéressée peut trouver d'autres instruments, pour persuader les gens au sujet de leur bien, que les fouets et les verges, au sens propre ou figuré.... Les hommes doivent s'entr'aider à distinguer le mieux du pire, et s'encourager à préférer le premier, à éviter le dernier. Ils devraient être portés à se stimuler constamment l'un l'autre à exercer de plus en plus leurs plus nobles facultés, à diriger continuellement leurs sentiments et leurs vies vers des objets sérieux et élevés. Mais une personne n'a pas le droit de dire à une autre créature humaine d'âge mûr, qu'elle n'arrangera pas sa vie dans son intérêt, comme cela lui plaît. C'est la personne la plus intéressée à son propre bien-être ; l'intérêt qu'une autre personne peut y prendre, sauf le cas d'une vive amitié, est une bagatelle comparée à l'intérêt qu'elle y prend elle-même ; l'intérêt qu'y a la société est partiel et indirect ; tandis que, en ce qui concerne ses propres sentiments et les circonstances où il se trouve, l'homme ou la femme la plus vulgaire a des moyens de connaissance qui dépassent infiniment tous les autres.

L'intervention de la société pour diriger le jugement et les intentions d'un homme en ce qui ne regarde que lui, doit être nécessairement basée sur des présomptions générales ; elles peuvent être absolument fausses, et même si elles sont justes, elles peuvent être mal appliquées aux cas individuels, par des personnes qui n'y connaissent rien. Dans ce département des affaires humaines, l'Individualité a donc son propre champ d'action. En ce qui regarde la conduite des hommes les uns envers les autres, il est nécessaire que des règles générales soient autant que possible observées, afin que les gens sachent ce qu'ils ont à attendre; mais en ce qui concerne chaque personne, la spontanéité individuelle peut prétendre s'exercer librement. Des considérations faites en vue d'éclairer son jugement, des exhortations pour fortifier sa volonté, peuvent lui être présentées et même imposées par d'autres, mais c'est lui qui est le juge en dernier ressort. Toutes les erreurs qu'il peut commettre à l'encontre des avis et des conseils, sont loin d'être compensées par le mal que lui feraient les autres en voulant le contraindre à ce qu'ils regardent comme son bien ...

Le plus fort argument contre l'intervention du public dans la conduite personnelle, c'est que lorsqu'il intervient, il le fait de travers et au mauvais endroit. Sur des questions de moralité sociale, de devoir envers les autres, l'opinion du public, c'est-à-dire de la majorité dominante, bien que souvent mauvaise, risque pourtant d'être encore plus souvent juste, parce que, en de telles questions, le public est seulement appelé à juger de ses propres intérêts, de la manière dans laquelle, quelque mode de conduite, si on le mettait en pratique, les affecterait. Mais l'opinion d'une majorité semblable, imposée comme loi à la minorité, sur des questions toutes personnelles, risque autant d'être nuisible que bonne....

En intervenant dans la conduite personnelle, le public pense rarement à autre chose qu'à l'énormité qu'il y a d'agir et de sentir différemment de lui-même ; et ce type de jugement, à peine déguisé, est présenté à l'humanité comme le précepte de la religion et de la philosophie, par les neuf-dixièmes des moralistes et des écrivains spéculatifs....

Toutefois des exemples sont nécessaires pour montrer que le principe que je soutiens est d'une importance capitale et pratique, et que je ne m'amuse pas à vouloir élever une barrière contre des maux imaginaires. Et il est aisé de montrer par de nombreux exemples qu'étendre les bornes de ce qui peut être appelé une police morale jusqu'au point d'empiéter sur la liberté la plus indiscutable de l'individu, est un des penchants les plus universels de l'humanité.

Comme premier exemple considérez l'antipathie des hommes sur les observances religieuses. Et pour prendre un exemple plutôt trivial, rien n'irrite plus la haine du musulman dans le culte des chrétiens que de voir qu'il leur est permis de manger du porc. C'est sans doute une offense contre leur religion. Mais c'est surtout leur aversion pour la viande de la « bête immonde » qui produit chez eux cette antipathie instinctive, que l'idée de malpropreté excite toujours. Supposez que chez un peuple où la majorité est musulmane, on veuille défendre de manger du porc dans tout le pays. Le seul motif qui ferait condamner cette prohibition serait que le public n'a pas à intervenir dans les goûts personnels et la conduite privée des individus.

Pour se rapprocher de notre pays, voyons ce qui se passe en Espagne. La majorité des habitants considère comme une impiété, la plus grande offense envers Dieu, de pratiquer un autre culte que le culte catholique romain. De même les peuples du sud de l'Europe regardent un clergé marié comme impie, immoral, grossier, ignoble. Que pensent les protestants de ces sentiments tout à fait sincères et des efforts faits pour les imposer à ceux qui ne sont pas catholiques ?

On peut objecter que les exemples précédents ne peuvent

pas s'appliquer chez nous. L'opinion en Angleterre n'ira pas imposer l'abstinence de certaines viandes, ni imposer son intervention à des gens parce qu'ils professent tel culte ou parce qu'ils se marient ou non, selon leur croyance ou leur inclination.

Mais voici maintenant un exemple pris d'un empiètement sur la liberté dont le danger est encore d'actualité.

Là où les puritains ont été suffisamment puissants, comme dans la Nouvelle-Angleterre et dans la Grande-Bretagne au temps de la République, ils se sont efforcés, avec un réel succès, de supprimer tous les amusements publics, et presque tous les amusements privés, en particulier la musique, la danse, le théâtre, les jeux publics, ou les autres réunions en vue de distractions. Il y a encore dans ce pays bien des personnes dont les notions de moralité et de religion condamnent ces récréations, et ces personnes font partie de la classe moyenne, et il n'est pas impossible que les personnes qui ont une telle mentalité arrivent un jour ou l'autre à avoir la majorité au Parlement. Comment les autres citoyens prendront-ils la chose, quand ils verront les amusements qui leur sont aujourd'hui permis réglés par les sentiments religieux et moraux des Méthodistes et des Calvinistes ? Ne prieront-ils pas, en y mettant toute l'insistance nécessaire, ces pieux Anglais si exclusifs de s'occuper de leurs propres affaires ? Et c'est précisément ce qui devrait être dit à tout gouvernement, et à tout public, ayant la prétention d'interdire aux autres personnes de jouir des plaisirs qu'ils condamnent.

On peut imaginer un autre cas peut-être plus susceptible d'être réalisé. Il y a une forte tendance dans le monde moderne à établir une constitution démocratique de la société, accompagnée ou non d'institutions politiques populaires. On affirme que dans le pays où cette tendance est le plus complètement réalisée, où les deux, le peuple et le gouvernement sont le plus démocratiques — aux États-Unis — le sentiment de la majorité, à qui répugne toute apparence de vie trop large et trop brillante pour qu'ils puissent espérer l'égaler, agit comme une véritable loi somptuaire, au point que dans beaucoup d'États de l'Union il est excessivement difficile qu'une personne richissime fasse de grandes dépenses sans encourir immédiatement la désapprobation populaire. Exagération à part, l'état de choses décrit est parfaitement vraisemblable ; c'est le résultat naturel des sentiments démocratiques, unis à la notion que le public a le droit de veto sur la manière dont les individus dépensent leurs revenus. Supposons maintenant une diffusion considérable des idées socialistes, et aussitôt il peut devenir abominable aux yeux de la majorité que chaque individu possède autre chose qu'une toute petite propriété, ou un revenu acquis par le travail manuel. En principe, de telles opinions sont déjà en vogue dans la classe ouvrière et pèsent lourdement sur les propres membres de cette classe. C'est un fait bien connu que les mauvais ouvriers, qui forment la majorité dans les différentes industries, ont le toupet de prétendre qu'ils doivent recevoir même salaire que les bons ouvriers, et qu'aucun ouvrier ne devrait être autorisé à travailler aux pièces ou autrement, pour gagner davantage que les autres, grâce à son courage et à son habileté. Et ils emploient une police morale, sorte d'espionnage, qui devient même à l'occasion une police physique (1), pour empêcher les ouvriers intelligents de recevoir, et ceux qui les emploient de donner, une rémunération plus considérable pour un service plus utile. Je ne vois pas, pour moi, en quoi ces gens-là sont en faute.

Sous le couvert de prévenir l'intempérance, on a interdit aussi à la population d'une colonie anglaise et à presque la moitié des États-Unis par une loi de faire aucun usage, quel qu'il soit, des boissons fermentées excepté, en médecine (2)...

Un autre important exemple d'intervention illégitime sur la liberté à laquelle a droit l'individu, c'est la législation du jour du sabbat. Sans aucun doute l'abstention un jour de la semaine, autant que les exigences de la vie le permettent, des occupations quotidiennes ordinaires, bien que ne concernant que les juifs au point de vue religieux, est une coutume hautement bienfaisante. Mais cette justification n'est pas une raison pour autoriser des restrictions légales pour les divertissements ce jour-là. L'amusement d'un grand nombre mérite bien, le jour férié, le travail de quelques-uns, à qui on pourrait donner d'ailleurs un jour de congé pendant la semaine en compensation. Le seul terrain sur lequel on peut se placer pour apporter des restrictions aux amusements du dimanche, consiste à dire qu'ils sont mauvais au point de vue religieux, motif de législation contre lequel on ne saurait trop protester. « *Deorum injuriae Diis curae*. » Reste à prouver que la société ou un de ses représentants a reçu d'en haut mandat de venger quelque offense supposée à l'Omnipotence divine, qui n'est pas aussi un tort fait à nos semblables. Cette idée que c'est le devoir d'un homme d'exiger qu'un autre soit religieux a été la base de toutes les persécutions qui ont eu lieu, et si on l'admettait,

1. Stuart Mill a raison. Rien n'est plus intolérable que la dictature que revendique l'ouvrier fainéant sur le travailleur courageux, qui ne veut pas le suivre aveuglément dans ses grèves injustes et criminelles.

2. C'est toute la question de l'alcoolisme qu'il faudrait traiter ici. La loi a-t-elle le droit d'intervenir? Non, répond St. Mill. Faites une croisade en faveur de l'abstinence, cela seul vous est permis.

elle les justifierait entièrement. Quoique le sentiment auquel il faut rapporter les tentatives souvent faites pour empêcher le chemin de fer de marcher le dimanche, pour interdire l'ouverture des musées, et autres choses du même genre n'ait absolument rien de comparable avec la cruauté des anciens persécuteurs, il n'en reste pas moins vrai que l'état d'esprit indiqué par de telles vexations est identiquement le même. C'est un parti pris de ne pas tolérer chez les autres ce que leur propre religion leur permet, parce que cela n'est pas permis par la religion du persécuteur. C'est une croyance que Dieu non seulement a en horreur l'acte de l'infidèle, mais encore qu'il ne nous regardera pas comme innocents, si nous le laissons tranquille.

A tous ces exemples du peu de compte que l'on tient communément de la liberté humaine, il convient d'ajouter une remarque au sujet du langage de véritable persécution que la presse anglaise ne manque pas d'employer chaque fois qu'il est question du Mormonisme. Certes, il y aurait bien à dire sur ce fait inattendu et instructif, qu'une nouvelle révélation alléguée, et une religion fondée sur celle-ci, soient adoptées par des milliers d'individus, alors que le fondateur de cette religion était tout autre chose qu'un génie, et cela en plein siècle des lumières, à l'époque où parurent les journaux, les chemins de fer et les télégraphes électriques. Et comme les autres religions celle-ci a eu ses martyrs, son fondateur a trouvé la mort dans une émeute, et d'autres partisans de la même doctrine ont péri de la même façon. Leur secte a été chassée du pays, dans un endroit solitaire, au milieu d'un désert, et voici que beaucoup d'Anglais déclarent ouvertement qu'il serait très bien d'envoyer contre eux une expédition, et de les obliger par la force à se conformer à la façon de vivre des autres peuples. La grande cause qui excite les esprits contre la doctrine des Mormons, c'est leur adhésion à la polygamie. Celle-ci, bien qu'on la permette aux Mahométans, aux Hindous, aux Chinois, excite une implacable animosité lorsqu'elle est pratiquée par des personnes qui parlent anglais et font profession de christianisme. Personne plus que moi ne désapprouve cette secte, et pour bien des raisons. Mais étant donné qu'ils ont quitté les pays où leurs doctrines étaient inacceptables, qu'ils se sont établis en un coin de la terre qu'eux les premiers ont rendu habitable à des hommes, il est difficile de voir d'après quels principes autres que ceux de la tyrannie on pourrait les empêcher de vivre là sous les lois qui leur plaisent, pourvu qu'ils ne commettent pas d'agression contre les autres nations, et qu'ils laissent toute liberté de s'en aller à ceux qui ne se plaisent plus dans leur compagnie. Qu'on leur envoie des missionnaires, si cela paraît bon, pour prêcher contre leur façon de faire, qu'on emploie tous les moyens honnêtes pour les convertir[1]. Si la civilisation est venue à bout de la barbarie, quand la barbarie dominait le monde, c'est trop se troubler que de craindre que la barbarie détruite une bonne fois puisse renaître et conquérir la civilisation. Il faut reconnaître, en effet, qu'une telle civilisation, capable de succomber de cette façon en face de l'ennemi vaincu, doit se trouver dans un tel état de dégradation, que ni ses prêtres, ni ses maîtres n'ont la force de la défendre! Si les choses sont ainsi, plus vite le monde sera débarrassé de ladite civilisation mieux cela vaudra. Son état ne peut qu'empirer, jusqu'à ce qu'enfin elle soit détruite de fond en comble et regénérée (comme cela s'est passé pour l'Empire d'Occident), par d'héroïques barbares.

1. Un écrivain contemporain d'un très grand mérite, dit Stuart Mill, propose (ce sont ses propres termes) non pas une croisade, mais une *civilisade* contre cette communauté polygame, dans le but de mettre fin à ce qui lui paraît un pas en arrière dans la civilisation. Je vois la chose comme lui, mais je ne sache pas qu'une communauté quelconque ait le droit d'en obliger quelque autre à être civilisée. Du moment que ceux qui sont victimes d'une loi mauvaise ne réclament pas le secours des autres communautés, il n'est pas possible d'admettre que des personnes complètement étrangères puissent avoir le droit d'exiger la cessation d'un état de choses qui plaît aux intéressés, tout simplement parce que cela scandalise des gens qui sont éloignés de quelques milliers de milles et tout à fait désintéressés dans la question.

D'ailleurs, tout surprenant que soit le fait de l'institution des Mormons, il a son explication dans les idées du monde ; on enseigne aux femmes que le mariage est l'unique chose nécessaire ; comment s'étonner dès lors que beaucoup parmi elles préfèrent épouser un homme ayant plusieurs femmes que de ne pas se marier du tout ! On ne dit pas aux autres peuples de reconnaître de telles unions, ou de permettre à une partie de leurs nationaux de vivre d'après la doctrine des Mormons !

CHAPITRE V

Applications.

Deux maximes résument la doctrine entière de cet Essai : les voici.

1° L'individu n'a pas de comptes à rendre à la société pour ses actes, si ceux-ci ne concernent aucune autre personne que lui[1]. Avis, instruction, persuasion, mise en quarantaine par les autres si ceux-ci le regardent comme nécessaire pour leur propre bien, voilà les seules mesures que puisse employer la société pour témoigner de son dégoût ou de sa désapprobation au sujet de la conduite de l'individu.

2° Quant aux actes qui sont préjudiciables aux intérêts des autres, l'individu est responsable, et peut être assujetti à une punition sociale ou légale, si la société est d'avis que l'une ou l'autre est requise pour sa protection.

Tout d'abord on ne doit pas supposer qu'à cause du dommage ou de la possibilité du dommage fait à autrui l'intervention de la société puisse toujours se justifier, parce qu'elle se justifie en certains cas.

Dans bien des occasions, un individu, en poursuivant un objet légitime, cause nécessairement et par suite légitimement une souffrance ou une perte aux autres ou empêche un bien qu'ils avaient raisonnable espérance d'acquérir. De telles oppositions d'intérêts entre individus proviennent souvent de mauvaises institutions sociales, mais sont inévitables tant que persistent ces institutions ; quelques-unes même sont inévitables sous n'importe quelle institution. Quiconque réussit dans une profession encombrée, ou dans un examen de concours, quiconque est préféré à un autre pour un objet que tous deux désirent, réalise un bénéfice sur la perte des autres, leurs espérances trompées et leur désappointement. Mais d'un commun avis, il vaut mieux pour l'intérêt général de l'humanité que les hommes poursuivent ainsi leur objet, sans se laisser détourner par des conséquences de cette sorte.

Le commerce est un acte social. Celui qui entreprend de

1. Droit absolu de la pensée, droit de tout dire à l'égard de toutes choses, par tous les modes et sur tous les tons, dit très justement M. Dupont-White, voilà ce que réclame Stuart Mill, qui livre au jugement de tous la société elle-même, tout ce qu'elle croit, tout ce qu'elle consacre, propriété, famille, héritage, morale, religion, jusqu'à Dieu lui-même !

vendre au public une série de marchandises, fait quelque chose qui intéresse à la fois l'intérêt d'autres personnes et de la société en général. Par suite, sa conduite, ses principes, tombent sous la juridiction de la société. D'après cela il était décidé jadis que c'était pour le gouvernement un devoir, dans tous les cas considérés comme importants, de fixer les prix et de régler les procédés de manufacture. Mais il est maintenant reconnu, après une lutte assez longue, que tous deux, le bon marché et l'excellente qualité des marchandises, sont assurés d'une façon plus efficace en laissant les producteurs et les vendeurs parfaitement libres, sous le seul frein d'une liberté égale pour les marchands de se fournir eux-mêmes ailleurs. C'est ce qu'on appelle la doctrine du libre échange qui repose sur des bases différentes bien que non moins solides que le principe d'individuelle liberté soutenu dans cet Essai. Des restrictions au commerce ou à la production dans des vues de commerce sont en effet des contraintes, et toute contrainte, en tant que contrainte, est un mal; mais les contraintes en question affectent seulement cette partie de la conduite que la société peut restreindre, et ont seulement le tort de ne pas produire réellement les résultats qu'on désirait en obtenir. Le principe de liberté individuelle n'est pas impliqué dans la doctrine du libre échange, non plus que dans la plupart des questions qui s'élèvent au sujet des limites de cette doctrine, comme par exemple pour savoir quel contrôle public est admissible pour prévenir la fraude par altération, ou jusqu'où on pourra aller lorsqu'il s'agit de précautions sanitaires pour protéger les ouvriers que l'on emploie à des occupations dangereuses.

De telles questions impliquent des considérations de liberté, seulement en ce sens qu'il est toujours mieux de laisser les gens à eux-mêmes, que de les contrôler; mais c'est un principe indéniable qu'ils peuvent être contrôlés pour ces fins. D'autre part, il y a des questions relatives à l'intervention dans le commerce qui sont des questions essentielles de liberté : telle est la *loi du Maine*, ou encore la prohibition de l'importation de l'opium en Chine, ainsi que la restriction de la vente des poisons, bref, tous les cas où l'objet de l'intervention est de rendre difficile ou impossible l'obtention de certaines marchandises. Ces interventions sont critiquables, non comme étant des empiétements sur la liberté du producteur ou du marchand, mais sur celle de l'acheteur.

Un de ces exemples, celui de la vente des poisons, soulève une nouvelle question : celle des limites de ce qu'on peut appeler les fonctions de police, à savoir jusqu'à quel point la liberté peut être empêchée en prévention d'un crime ou d'un accident. Prendre des précautions contre un crime avant qu'il ait été commis, aussi bien que de le découvrir et de le punir après, est une des fonctions incontestées du gouvernement. La fonction préventive du gouvernement, cependant, est celle dont on peut beaucoup plus abuser, au préjudice de la liberté, que celle qui consiste à punir. Il n'y a pas, en effet, une seule part de liberté légitime d'action d'un être humain qui ne puisse admettre d'être représentée, à bon droit aussi, comme augmentant les facilités pour une forme ou une autre de délit. Néanmoins, si une autorité publique et même quelque particulier voyaient quelqu'un se préparer à commettre un crime, ils ne sont pas forcés de regarder en restant inactifs jusqu'à ce que le crime soit commis, mais ils peuvent intervenir pour le prévenir. Si des poisons n'étaient jamais achetés ou employés pour d'autres usages que pour commettre un crime, il serait juste d'en interdire la fabrication et la vente. Ils peuvent cependant être demandés dans des buts non seulement innocents mais utiles, et des restrictions ne peuvent être imposées dans un cas sans gêner l'autre. C'est, encore une fois, affaire propre de l'autorité publique de prendre des mesures contre les accidents. Si, soit un officier public, soit quelqu'un d'autre voyait une personne se préparant à traverser un pont désigné comme n'étant pas sûr, et qu'on n'eût pas le temps de la prévenir du danger, il leur serait permis de la saisir et de la ramener en arrière, sans enfreindre en rien sa liberté ; car la liberté consiste à faire ce que l'on désire, et elle ne désire certes pas tomber dans la rivière. Néanmoins quand il n'y a pas une certitude, mais seulement un risque de danger, personne d'autre que la personne elle-même ne peut juger de la suffisance du motif qui peut la pousser à courir ce risque.

Dans ce cas, par suite (à moins qu'il ne s'agisse d'un enfant, ou d'un fou, ou que la personne soit dans un tel état d'excitation ou de préoccupation incompatible avec le plein usage de sa faculté de réfléchir) on doit, je l'admets, l'avertir seulement du danger, et non l'empêcher par force de s'y exposer. De telles considérations appliquées à une question comme la vente de poisons, nous permettent de décider lesquels parmi les modes possibles de règlements sont ou non contraires aux principes.... Le marchand, par exemple, pourrait être contraint à tenir un registre sur lequel on inscrirait la date exacte de la vente, le nom et l'adresse de l'acheteur, la qualité et la quantité exacte vendue, la demande faite au sujet de ce qu'on se propose d'en faire et la réponse reçue. En l'absence d'ordonnance médicale, la présence d'un tiers pourrait être exigée, pour établir l'identité de l'acheteur, au cas où il y aurait plus tard raison de penser que l'article acheté a été employé dans un but criminel.

Le droit inhérent à la société de prévenir les crimes à l'aide de précautions antérieures, suggère des limites évidentes à la maxime que la mauvaise conduite personnelle ne tombe pas sous le coup de prévention ou de punition.

L'ivrognerie, par exemple, dans les cas ordinaires, n'est pas un sujet d'intervention législative ; mais il me semblerait tout à fait légitime, qu'une personne qui a une fois été convaincue de quelque acte de violence envers d'autres sous l'influence de la boisson, soit mise sous des dispositions légales spéciales, que si dans la suite elle était trouvée ivre, elle serait justiciable de pénalité ; et que si alors dans cet état elle commettait une autre offense, la punition à laquelle elle serait soumise serait plus sévère. S'enivrer lorsque l'ivresse excite à nuire aux autres, est un crime envers les autres....

Non seulement les personnes ne sont pas tenues à des engagements qui violent les droits des tiers, mais c'est même parfois considéré comme une raison suffisante pour les relever d'un engagement qui leur est nuisible. En Angleterre, par exemple, et dans beaucoup d'autres pays civilisés, un engagement par lequel une personne se vendrait elle-même, ou accepterait d'être vendue comme esclave, serait nul et non avenu, n'étant imposé ni par la loi, ni par l'opinion. La raison pour laquelle on limite le pouvoir de l'individu de disposer de lui-même dans la vie est apparent, et très clairement visible dans le cas présent.... En se vendant comme esclave, l'homme abdique sa liberté ; il abandonne l'usage futur de celle-ci par ce seul acte. Il détruit par suite, dans son propre cas, la véritable raison qui est la justification pour laquelle on le laissait libre de disposer de lui-même; il la détruit lui-même. Il n'est donc plus libre, mais est dans une situation où l'on ne peut présumer qu'il reste volontairement. Le principe de liberté ne peut demander qu'il soit libre de ne pas être libre. Ce n'est plus de la liberté, que d'être capable de renoncer à sa liberté. Ces raisons dont la force est si visible dans ce cas particulier sont évidemment d'une application beaucoup plus étendue; cependant une limite leur est fixée pour les nécessités de la vie, qui demandent continuellement, non certes que nous renoncions à notre liberté, mais que nous consentions à ce qu'elle soit limitée de telle ou telle sorte....

J'ai déjà remarqué que, grâce à l'absence de certains principes généraux reconnus, la liberté est souvent accordée là où elle devrait être refusée, tandis qu'elle est refusée, là où on la devrait accorder; et un des cas dans lesquels, dans le monde moderne européen, le sentiment de la liberté est le plus fort, est un cas où, selon ma manière de voir, il est absolument déplacé. Une personne devrait être libre de faire comme il lui convient pour ses propres affaires, mais elle ne devrait pas être libre de faire ce qui lui plaît lorsqu'elle agit pour quelque autre, sous prétexte que les affaires de l'autre sont ses propres affaires. Tandis que l'État respecte la liberté de chacun dans ce qui le regarde spécialement, lui-même est obligé de maintenir un contrôle vigilant sur la façon dont il se sert du pouvoir qui lui est accordé sur d'autres individus. Cette obligation est presque entièrement laissée de côté dans le cas des relations de famille, un cas qui, dans son influence directe sur le bonheur humain, est plus important que les autres pris ensemble. Le pouvoir presque despotique des maris sur leurs femmes n'a pas besoin d'être développé ici, parce qu'il ne faudrait rien de plus pour faire complètement disparaître ce mal, que d'accorder aux épouses les mêmes droits, et de leur octroyer la même protection de la part de la loi qu'aux autres personnes, et parce que, sur ce sujet, les défenseurs de l'injustice établie ne se servent pas eux-mêmes de l'excuse de la liberté, mais s'établissent ouvertement comme les champions du pouvoir. Mais c'est surtout dans le cas des enfants que les notions mal appliquées de liberté sont un réel obstacle à l'accomplissement par l'État de ses devoirs. On pourrait presque croire que les enfants d'un homme sont supposés être, littéralement et non pas métaphoriquement, une partie de lui-même, tant est jalouse l'opinion de la plus petite intervention de la loi avec son contrôle absolu et exclusif sur eux, plus jalouse certes que de presque n'importe quelle autre intervention sur leur liberté d'action, tant la généralité des hommes accorde moins de valeur à la liberté qu'au pouvoir. Considérez par exemple ce qui se passe pour l'éducation. N'est-ce pas un axiome évident, que l'État devrait exiger de tous les citoyens l'éducation jusqu'à un certain degré ?

A la vérité personne ne niera que c'est un des plus sacrés devoirs des parents (ou plus précisément du père) après avoir donné naissance à une créature humaine, de l'élever de façon à être capable de remplir sa part d'homme dans la vie à l'égard des autres et de lui-même. Mais tandis que ceci est déclaré unanimement, il est à peine personne, dans notre pays, qui supporterait d'être obligé de remplir ce devoir. Au lieu d'exiger qu'on fasse quelque sacrifice pour assurer une éducation à son enfant, on laisse l'homme parfaitement libre d'accepter ou de refuser cette éducation lorsqu'elle est procurée gratis.

Si le gouvernement s'appliquait à réclamer pour chaque enfant une bonne éducation, il s'épargnerait la peine d'en fournir une. Il pourrait laisser aux parents la faculté de faire élever leurs enfants où et comme ils voudraient, et se contenter de payer les frais d'école aux enfants pauvres. Les objections qui sont opposées avec raison à l'État ne s'appliquent pas à ce fait que l'État impose l'éducation, mais sur ce qu'il se charge lui-même de diriger cette éducation, ce qui est bien différent.

Que toute l'éducation ou une grande partie de l'éducation du peuple soit placée entre les mains de l'État, cela est intolérable et je m'y opposerai autant que n'importe qui. Tout ce qui a été dit au sujet de l'importance de l'individualité de caractère et de la diversité des opinions et modes de conduite, implique comme étant d'égale importance, la diversité de l'éducation.

Une éducation générale d'État est une simple combinaison pour mouler les hommes identiquement. Et comme le moule dans lequel on les jette est celui qui plaît au pouvoir prédominant du gouvernement, que ce soit ou un monarque ou une théocratie (une aristocratie ou la majorité de la génération existante), à mesure qu'il est efficace et puissant, il établit un despotisme sur l'esprit qui a une tendance toute naturelle à s'établir sur le corps. Une éducation établie et contrôlée par l'État ne devrait exister que comme une expérience parmi les autres faites en concurrence, en vue d'être un exemple et un stimulant, pour que les autres se tiennent à un certain niveau d'excellence. Il n'y a que dans le cas où la société serait tellement arriérée qu'elle ne pourrait ni ne voudrait se procurer des institutions convenables d'éducation, que le gouvernement devrait suppléer les écoles et les universités. Mais s'il y a dans le pays un nombre suffisant de personnes capables d'éducation sous les auspices du gouvernement, il conviendrait d'avoir recours à elles en leur assurant une rémunération suffisante, en rendant l'éducation obligatoire, et en prêtant l'aide et le secours de l'État à ceux qui seraient incapables de faire la dépense nécessaire.

Pour faire observer la loi, on emploierait comme moyen des examens publics s'étendant à tous les enfants et commençant au premier âge. Un temps serait fixé où tout enfant devrait être examiné pour s'assurer s'il sait lire. Si un enfant n'en était pas capable, le père, à moins qu'il ne fasse valoir une excuse suffisante, serait mis à l'amende, et l'enfant pourrait être envoyé à l'école à ses frais. Une fois chaque année l'examen serait renouvelé et les sujets sur lesquels il porterait graduellement étendus, de façon à assurer l'acquisition d'un minimum de connaissances générales. Outre ce minimum il y aurait des examens volontaires sur tous les sujets, après lesquels ceux qui auraient fait preuve de véritable science obtiendraient un certificat. Pour empêcher l'État d'exercer, à l'aide de ces dispositions, une influence nocive sur l'opinion, la connaissance requise pour passer ces examens, même ceux des classes supérieures, devrait se borner à des faits et à une science positifs. Par exemple, les examens concernant la religion, la politique, ou d'autres sujets susceptibles de discussion, ne porteraient pas sur la vérité ou la fausseté des opinions, mais sur le fait que telle et telle opinion sont soutenues par tels auteurs, par telles écoles, par telles églises. Grâce à ce système, la génération qui s'élève ne serait pas pire qu'à présent par rapport à toutes les vérités discutées ; on aurait soit des croyants soit des dissidents, l'État veillant seulement à ce que les uns et les autres soient instruits. Rien n'empêcherait, si tel était le désir des parents, qu'on leur enseigne la religion comme les autres choses dans les écoles qu'ils fréquenteraient. Toutes les tentatives de l'État pour influencer les opinions de ses citoyens sur des sujets discutables sont mauvaises. Mais l'État peut assurer qu'une personne possède la science requise pour qu'on puisse attacher quelque importance à son opinion sur quelque sujet donné. Un étudiant en philosophie n'en vaudrait que mieux s'il était capable de subir un examen sur Locke et Kant, quel que soit celui des deux philosophes qu'il regarde comme son maître, et même s'il n'acceptait ni l'un ni l'autre. Cependant les examens sur les plus hautes branches de la connaissance humaine devraient être entièrement libres. Ce serait donner un trop dangereux pouvoir aux gouvernements que de leur permettre d'exclure de quelqu'une des professions, même de celle de professeur, en alléguant l'insuffisance des qualités requises, et je pense, comme Humboldt, que les grades ou autres certificats publics concernant les connaissances scientifiques ou professionnelles doivent être accordés à ceux qui passent l'examen avec succès, mais que de tels diplômes ne doivent accorder d'autre avantage sur les concurrents que le poids qu'attache à leur valeur l'opinion publique.

Le fait même de donner le jour à un être humain est une des actions les plus graves de la vie. Les lois qui en beaucoup de pays défendent le mariage à moins que les parties contractantes ne prouvent qu'elles ont le moyen d'entretenir une famille, n'excèdent pas les pouvoirs légitimes de l'État : qu'elles soient utiles ou non, on ne peut du moins leur reprocher de violer la liberté. De telles lois sont des interventions de l'État pour empêcher un acte funeste à d'autres, qui devrait être l'objet de la réprobation sociale, même lorsqu'il ne s'y ajoute pas de châtiment légal.

J'ai réservé pour la fin de cet Essai un certain nombre de questions concernant l'intervention du gouvernement, qui ne se rattachent pas directement à notre sujet. Ce sont des cas dans lesquels les raisons contre l'intervention ne portent pas sur le principe de la liberté.

Les objections à une intervention du gouvernement quand celle-ci n'est pas de nature à porter atteinte à la liberté, peuvent être de trois sortes.

La première, c'est lorsque la chose à faire sera probablement mieux faite par les particuliers que par le gouvernement.

Généralement personne n'est plus capable de conduire une affaire ou de déterminer comment ou par qui elle le doit être, que ceux qui y sont personnellement intéressés. Ce principe condamne les interventions, jadis si communes, de la législation, des fonctionnaires du gouvernement, dans les opérations ordinaires de l'industrie. Mais cette question est suffisamment traitée dans les ouvrages d'économie politique.

La seconde objection se rattache de plus près à notre sujet. Dans beaucoup de cas, quoique les individus ne puissent faire une chose aussi bien que les fonctionnaires du gouvernement, il est néanmoins désirable qu'elle soit faite par eux, plutôt que par le gouvernement, comme moyen de faire leur éducation intellectuelle. C'est un moyen de fortifier leurs facultés actives, d'exercer leur jugement, de leur donner une connaissance familière des sujets qu'ils doivent ainsi traiter. C'est la principale recommandation (bien que ce ne soit pas la seule) du jury (dans les cas non politiques), des institutions libres populaires et municipales, de la direction des entreprises industrielles et philanthropiques par des associations volontaires. Les opérations gouvernementales tendent à être partout semblables. Avec des associations individuelles et volontaires, au contraire, il y a des expériences variées à l'infini. Ce que l'État peut faire utilement, c'est de devenir un dépositaire central, et un actif distributeur de l'expérience qui résulte de nombreux essais. Son rôle est de rendre capable tout expérimentateur de profiter des expériences d'autrui, au lieu de ne tolérer d'autres expériences que les siennes propres.

La troisième et la plus puissante raison pour restreindre l'intervention du gouvernement, c'est le danger qu'il y a à augmenter sans nécessité sa formidable puissance. Si les routes, les chemins de fer, les banques, les compagnies d'assurances, les grandes compagnies par actions, les universités, les bureaux de bienfaisance, étaient autant de branches du gouvernement ; si, en outre, les conseils municipaux et locaux avec tout ce qui leur est dévolu devenaient des départements de l'administration centrale ; si tous les employés de ces différentes entreprises étaient nommés et payés par le gouvernement, s'en rapportant seulement à lui pour leur avancement, ni l'entière liberté de la Presse, ni la constitution populaire de la législature n'empêcheraient notre pays ou tout autre de n'être libre que de nom....

Un gouvernement ne peut trop avoir de cette forme d'activité qui n'arrête pas, mais qui aide et stimule l'initiative et le développement individuel. Le mal commence lorsqu'au lieu d'exciter l'activité et les facultés des individus et des corporations, il substitue sa propre activité aux leurs, lorsque, au lieu d'éclairer, de donner des conseils, et à l'occasion de dénoncer, il les fait travailler dans des entraves, leur ordonne de rester tranquilles et fait leur travail à leur place. La valeur d'un État consiste dans la valeur des individus qui le composent ; et un État qui sacrifie l'expansion et le développement intellectuel des individus, à un semblant d'habileté administrative dans les détails des affaires ; un État qui rapetisse ses sujets, en vue d'en faire de dociles instruments de ses projets, même si ceux-ci sont bienfaisants, trouvera qu'en réalité avec de petits hommes il ne peut pas faire de grandes choses, et que la perfection du mécanisme auquel il a sacrifié toutes choses finira par ne lui servir à rien, par manque du pouvoir vital que, pour que la machine puisse marcher plus facilement, il a préféré proscrire[1].

1. Mill s'élève avec raison contre ce qu'il appelle le « corps bureaucratique ». Qu'une révolution se produise dans un pays où la bureaucratie est toute-puissante comme en Russie, dit-il, que le public se soulève contre le Gouvernement, il suffira alors que quelqu'un, avec ou sans l'aveu de la nation, s'empare du pouvoir, donne ses ordres à la bureaucratie, et tout marchera comme auparavant, la bureaucratie n'étant pas changée, et personne n'étant capable de prendre sa place. Tout autre, ajoute-t-il, est le spectacle qu'offre un peuple habitué à faire lui-même ses affaires. Par exemple, en France, la plus grande partie de la nation ayant passé par l'armée, qu'arrive une insurrection populaire, et plusieurs personnes seront capables de prendre le commandement et d'arrêter quelque plan d'action réalisable. Ce que les Français sont en ce qui concerne les affaires militaires, les Américains le sont en ce qui concerne les affaires civiles. Enlevez à ceux-ci leur gouvernement, et aussitôt un groupe quelconque d'Américains pourra en improviser un aussitôt, et traiter les affaires civiles avec ordre et décision. Ainsi devrait être tout peuple libre, car une nation capable de cela ne pourra pas être asservie, parce que ses membres sont capables de tenir les rênes de l'administration. Mais là où la bureaucratie fait tout, elle pourra facilement contraindre le peuple à faire ou à subir toutes ses volontés.

Il est indispensable aussi qu'il puisse se former des talents en dehors de l'État, ayant l'expérience nécessaire pour juger sainement les grandes affaires pratiques.

EXTRAITS

DES ŒUVRES DE STUART MILL

De l'objet de l'Économie politique

Dans toutes les branches des affaires humaines, la pratique a devancé la science. La recherche systématique du mode d'action des forces naturelles est le résultat tardif d'une longue suite d'efforts tentés en vue de faire servir ces forces à quelque fin pratique.

L'Économie politique considérée comme science est toute moderne, mais l'objet dont elle s'occupe a de tout temps constitué l'un des principaux intérêts de l'humanité.

Cet objet est la Richesse.

Les économistes se donnent pour mission soit de rechercher, soit d'enseigner la nature de la richesse et les lois de sa production et de sa distribution. Cette étude comprend celle de toutes les causes qui, relativement à cet objet des désirs de tous, rendent prospère ou misérable la condition des hommes en société.

Chacun se fait de la richesse une notion assez claire pour l'usage ordinaire. Les études qui ont la richesse pour objet ne risquent pas d'être confondues avec celles qui se rapportent à quelque autre des grands intérêts de l'humanité. Chacun sait qu'être riche est une chose ; que c'est une autre chose d'être brave, instruit, humain ; chacun comprend que les recherches sur les causes de la liberté, de la vertu, de la science littéraire, de la culture des arts, du courage, chez un peuple sont distinctes de celles qui ont pour objet les causes de la richesse. Cependant ces états divers ne sont pas sans relation, ils réagissent les uns sur les autres. Quelquefois une nation est devenue libre, parce qu'auparavant elle était riche ; une autre est devenue riche, parce qu'auparavant elle avait conquis sa liberté. Les croyances, les lois d'un peuple agissent puissamment sur son état économique, et cet état, à son tour, par son influence sur les relations sociales, réagit sur les lois et les croyances. Mais bien que ces objets soient en un contact continuel, ils sont d'une nature toute différente et ont toujours été considérés comme distincts.

Mon intention n'est pas de rechercher la précision métaphysique des définitions, lorsque les idées suggérées par le mot même sont assez déterminées pour la pratique. Il ne semble guère qu'il puisse s'établir aucune fâcheuse confusion d'idées sur la question de savoir « ce qui doit être considéré comme richesse » : cependant l'histoire nous atteste que cette confusion a existé, qu'il fut un temps où les théoriciens et les hommes d'État y tombèrent également et partout, de telle sorte que cette confusion d'idées a, pendant plusieurs générations, donné une fausse direction à la politique de l'Europe. Je parle de l'ensemble des doctrines que, depuis Adam Smith, on est convenu d'appeler le système mercantile.

Sous l'empire de ce système, il était reconnu, implicitement ou explicitement, dans la politique des nations, que la seule richesse était la monnaie, ou plutôt les métaux précieux qui peuvent être transformés en monnaie à volonté. En conséquence tout ce qui tendait à amener la monnaie ou les lingots dans un pays ajoutait à sa richesse : tout ce qui faisait sortir des métaux précieux du pays l'appauvrissait. Si une contrée ne renfermait ni mines d'or ni mines d'argent, la seule industrie par laquelle il lui fût possible d'augmenter sa richesse, était le commerce extérieur, en tant qu'il était le moyen d'amener l'argent en retour. Toute branche de commerce qu'on supposait devoir entraîner l'exportation de la monnaie était considérée comme un commerce ruineux, quels que fussent d'ailleurs ses résultats d'autre sorte. L'exportation des marchandises était encouragée par tous les moyens, même aux dépens des ressources réelles du pays, parce qu'on supposait que les retours devraient se faire en monnaie d'or ou d'argent. Toute importation, autre que celle de l'or et de l'argent, était considérée comme une perte équivalente à la valeur totale des marchandises importées ; à moins pourtant que l'importation n'en eût lieu en vue de réexportation avec profit, ou bien encore que les articles importés ne fussent considérés comme matières nécessaires à quelque industrie du pays, et donnassent ainsi la faculté de produire à plus bas prix des articles d'exportation. Le commerce du monde était considéré alors comme une lutte entre les nations, où chacune s'évertuait à attirer vers elle la plus large part des métaux précieux existants ; et, dans cette lutte, aucune nation ne réalisait un profit qu'en faisant éprouver à quelque autre une perte équivalente, ou tout au moins en l'empêchant de gagner elle-même.

Dans le langage ordinaire, la richesse est toujours exprimée par le mot *argent*. Si l'on demande la fortune d'un individu, la réponse est toujours : « Il a tant de mille livres. » Tous les revenus et toutes les dépenses, tous les profits et toutes les pertes, enfin tout ce qui rend un homme plus riche ou plus pauvre, sont évalués par l'entrée et la sortie de l'argent. Il est vrai que, dans l'inventaire de la fortune d'un individu, on comprend non seulement l'argent qu'il possède ou qui lui est dû, mais tous les autres objets de valeur. Mais ces objets ne viennent pas là sous le caractère qui leur est propre, mais seulement en considération des sommes d'argent pour lesquelles il serait possible de les vendre, et s'ils valaient moins, leur propriétaire serait considéré comme moins riche, bien que les objets en question restent précisément les mêmes. Il est certain aussi qu'on ne devient pas riche en gardant son argent sans emploi, et qu'il faut bien vouloir le dépenser, si l'on veut gagner. Ceux qui s'enrichissent par le commerce donnent leur argent en échange de marchandises, et leurs marchandises en échange d'argent : l'un est aussi nécessaire que l'autre. Mais celui qui achète des marchandises en vue d'un profit, le fait dans le but de les revendre et dans l'espoir de recevoir de cette vente plus d'argent qu'il n'en a donné pour les acheter. Gagner de l'argent, donc, doit paraître à l'acquéreur lui-même le but suprême de ses efforts. Il arrive souvent qu'il reçoit en payement autre chose que de l'argent. Il a acheté à un certain prix ; il évalue de même les objets qu'il reçoit en échange ; mais il prend soin, dans cette évaluation faite en argent, de s'assurer qu'il recevra plus qu'il n'a donné lorsqu'il revendra ces objets. Un marchand dont le commerce est considérable et qui, selon l'expression consacrée, renouvelle son capital rapidement, n'a cependant qu'une faible portion de ce capital en argent. Mais il ne conçoit ce capital qu'autant qu'il peut le convertir en argent. Il ne considère donc une opération comme achevée que lorsque le produit net est payé ou crédité en argent. Quand il se retire des affaires, c'est en argent qu'il convertit tout son avoir, et ce n'est qu'alors qu'il se considère comme ayant réalisé ses bénéfices, précisément comme si le numéraire était la seule richesse et que l'argent ne valût que comme moyen d'obtenir l'argent. Si maintenant on vient demander au champion du système, quel est l'objet pour lequel l'argent est recherché, à moins que ce ne soit pour la satisfaction des besoins ou des plaisirs de lui-même ou des autres, la question ne l'embarrassera pas. Il admettra qu'en effet tel est l'usage de la richesse, et que cet usage est très respectable, pourvu qu'il se borne aux marchandises indigènes, parce qu'en ce cas vous enrichirez vos compatriotes précisément dans la proportion de la dépense que vous avez faite. Dépensez votre richesse, si tel est votre plaisir, de la manière que vous voudrez et pour la satisfaction des besoins qu'il vous plaira ; mais votre richesse ne consiste pas dans cette satisfaction, elle est dans la somme d'argent et dans le revenu annuel en argent, avec lesquels vous achetez cette satisfaction.

Il faut le dire cependant, au milieu de ces motifs qui n'ont pour eux qu'une faible plausibilité, et sur lesquels se base le système mercantile, il existe quelque raison, bien qu'insuffisante, pour la distinction que font ses partisans entre l'argent et les autres objets dont la possession a de la valeur. Nous regardons en effet com ne jouissant des avantages de la richesse, non pas celui qui est actuellement et au moment de notre jugement en possession des choses agréables ou utiles qui la constituent, mais bien celui qui possède les moyens de se les approprier selon son désir. Or, l'argent, le numéraire, constituent cette puissance, tandis que tous les autres objets, dans les sociétés civilisées, ne semblent la posséder que par l'échange qu'on peut en faire contre de l'argent. Posséder l'un des autres objets qui constituent la richesse, c'est posséder cet objet sans plus. Posséder l'argent, c'est posséder la puissance directe de s'approprier tous les autres objets qui constituent la richesse, sans avoir éprouvé la nécessité d'échanger un objet spécial contre de l'argent d'abord, ou contre l'infinie quantité d'objets dont la possession est indispensable à la satisfaction des besoins ou des désirs de l'homme riche. La majeure partie de l'utilité de la richesse, au delà d'une portion très modérée, n'est pas dans les jouissances qu'elle procure, mais dans la puissance que le possesseur tient en réserve dans le but de se les procurer à son temps et à son heure. Or, aucun des éléments qui constituent la richesse ne donne cette puissance au même degré que l'argent. C'est la seule forme de richesse qui n'a pas une application bornée, et qui peut être sûrement et immédiatement convertie. Cette distinction a dû faire impression sur les gouvernements, car elle est en effet pour eux d'une grande importance. Un gouvernement civilisé ne tire des taxes un parti avantageux qu'à la condition de les percevoir en numéraire ; il y a plus, c'est que ce mode de perception est le seul possible, le seul efficace, toutes les fois qu'un État a des dettes à payer à l'étranger, soit pour solder des troupes s'il s'agit de conquête, soit pour payer des subsides s'il s'agit de n'être pas conquis, alternative qui a fait jusqu'en ces derniers temps la base de la politique du monde.

Toutes ces causes concourent à porter les États et les individus à attacher, dans l'évaluation de leurs ressources, une importance presque exclusive au numéraire soit en essence, soit en puissance, et à regarder tout le reste tout au plus comme le moyen d'obtenir cet élément qui, seul de tous ceux qui constituent la richesse, donne la puissance d'obtenir tous les autres.

Une absurdité, cependant, ne cesse pas d'être une absurdité quand nous avons découvert les apparences qui la rendaient plausible ; et le système mercantile ne pouvait manquer d'être réduit à sa valeur dès que des observateurs eurent commencé, même imparfaitement et sans méthode, à regarder au fond des choses, et à chercher les prémisses de leur raisonnement dans les faits élémentaires et non dans les formes et la phraséologie de la conversation. Dès qu'on se fit cette simple question : Qu'entend-on par numéraire ? quels sont ses caractères essentiels ? quelle est la nature précise des fonctions qu'il remplit ? on s'aperçut que le numéraire, comme tout autre objet, n'est une possession désirable, qu'en raison des services qu'il rend ; et que ces services, loin d'être infinis comme ils semblent l'être, sont parfaitement définis et strictement limités, et qu'ils consistent ni plus ni moins à faciliter la distribution des produits du travail selon la convenance de ceux qui le possèdent. En approfondissant ce sujet, on découvrit que les services ne sont pas actuellement accrus par l'accroissement de la quantité de numéraire qui existe en une contrée donnée, et que ces services sont également bien remplis par une quantité restreinte de numéraire et par une quantité plus considérable. Deux millions de quarters de blé ne sauraient nourrir un aussi grand nombre de personnes que quatre millions ; mais deux millions de livres sterling achèteront et vendront autant de produits que quatre millions de livres sterling ; la seule différence sera dans le prix nominal de ces produits. Le numéraire, en tant que numéraire, ne satisfait aucun besoin. Sa valeur pour tous consiste à revêtir une forme convenable pour représenter les revenus, lesquels revenus peuvent être ensuite, au gré de chacun, transformés, échangés selon ses désirs et ses besoins. La différence entre un pays riche en numéraire et un pays qui en serait privé ne serait sensible que dans le plus ou le moins d'inconvénients, de perte de temps et de travail, comme si l'on substituait le moulin à bras au moulin hydraulique. « Le numéraire, a dit Adam Smith, rend un service analogue à celui d'une route : prendre le numéraire pour la richesse, c'est commettre la même erreur que de confondre la route qui mène à un domaine, à une ferme, avec le domaine, avec la ferme elle-même. »

Le numéraire étant un instrument important des transactions privées et publiques, c'est avec raison qu'on le regarde comme une richesse. Mais tous les autres objets qui sont à l'usage de l'homme et que la nature ne lui livre pas gratuitement, sont richesse aussi. Être riche, c'est posséder une grande quantité d'objets utiles, ou les moyens de les acquérir. Tout ce qui donne le pouvoir d'acquérir, tout ce qui peut s'échanger contre quelque objet d'utilité ou d'agrément doit être considéré comme richesse. Les objets qui, bien que nécessaires et utiles en eux-mêmes, ne peuvent s'échanger contre aucun autre objet, ne sont pas richesse, selon l'économie politique. Ainsi l'air, bien que nécessaire de nécessité absolue, n'a pas de valeur sur le marché, par la raison qu'il peut être obtenu gratuitement ; accumuler, emmagasiner de l'air ne serait d'aucun profit, et les lois de sa production et de sa distribution sont du domaine d'une science tout autre que l'économie politique. Mais, bien que l'air ne soit pas richesse, sa gratuite distribution rend l'humanité plus riche, puisqu'elle la dispense du travail qui serait nécessaire pour obtenir cet élément indispensable de l'existence, et lui permet de se livrer à d'autres productions. On peut toutefois supposer des cas où l'air serait véritablement une richesse, s'il était d'usage de séjourner longtemps en des lieux où l'air ne pénétrerait pas, dans des cloches à plongeur par exemple. L'alimentation de ces lieux en air respirable aurait certes un prix, comme l'eau que des conduits amènent dans nos habitations. Si, par quelque révolution du globe, l'atmosphère devenait plus rare, ou si, par quelque autre révolution, l'air pouvait être monopolisé, il pourrait alors avoir un très grand prix sur le marché. Dans cette hypothèse, celui qui aurait plus d'air qu'il n'en faudrait à ses poumons serait riche, et la richesse de l'humanité pourrait sembler augmentée par ce qui serait une grave calamité ; l'erreur consisterait à ne pas apercevoir que, quelques riches que fussent devenus les détenteurs de l'air, la masse, pour laquelle l'air serait devenu une marchandise, se serait appauvrie de tout ce qu'elle payerait pour sa consommation.

Cette observation nous conduit à une distinction importante dans l'acception du mot richesse, selon qu'il s'applique aux objets possédés par un individu, ou par une nation, ou par le genre humain. Pour le genre humain, rien n'est richesse que ce qui est en soi-même objet d'utilité ou d'agrément. Pour l'individu, tout est richesse lorsque la possession, bien qu'inutile en soi, donne au possesseur le moyen d'obtenir des autres une portion des objets d'utilité réelle ou d'agrément dont ils sont détenteurs. Prenons pour exemple un contrat d'hypothèque de mille livres sterling sur une propriété foncière. Ce contrat est richesse réelle pour celui auquel il procure un revenu, et qui peut-être le vendrait sur le marché pour sa valeur totale, s'il en avait le désir. Ce contrat, cependant, n'est pas une richesse pour le pays ; que l'engagement soit annulé, le pays n'en sera ni plus ni moins riche. Le créancier aura perdu mille livres, le débiteur les aura gagnées. Mais si nous considérons la nation au lieu de l'individu, on peut dire que l'hypothèque n'était pas richesse réelle, que sa fonction se bornait à donner à A un droit sur une certaine portion de la propriété de B. Pour A cette hypothèque était richesse, et richesse qu'il pouvait transférer à un tiers ; mais ce qu'il transférait était de fait un droit de copropriété dans une proportion déterminée sur la terre dont B était nominalement le seul propriétaire.

La position des rentiers de l'État, des détenteurs de fonds publics, est exactement celle-là. Ils possèdent hypothèque sur la richesse générale du pays. Annuler la dette de l'État ne détruirait en aucune façon sa richesse : ce serait une soustraction déloyale de richesse faite au détriment de certains individus, au profit soit de l'État lui-même, soit des contribuables. La propriété des fonds publics ne saurait donc être considérée comme partie de la richesse nationale. C'est là une vérité que n'observent pas toujours les statisticiens. Ainsi dans l'estimation du revenu brut du pays, basée sur le produit de l'*income-tax*, on a souvent compris les revenus provenant des fonds publics. On n'a pas pris garde que l'impôt est assis sur tout le revenu nominal du contribuable, sans qu'il ait été permis de déduire de ce revenu la portion qui en est prélevée sous forme d'impôt pour payer le créancier de l'État. On compte donc ici deux fois une partie du revenu général du pays, et l'on trouve un chiffre qui dépasse la vérité de trente millions sterling environ.

Néanmoins un pays peut considérer comme richesse tout ce que les nationaux possèdent de revenu dans les fonds étrangers, de même que tout ce qui leur est dû à l'extérieur ; encore ces revenus ne sont-ils pour eux richesse que comme copossesseurs de richesses détenues par d'autres. Ils ne font pas partie de la richesse collective du genre humain : ils sont un élément de la distribution de la richesse, mais non de sa formation.

L'esclavage nous fournit un autre exemple d'un cas où ce qui est richesse pour un particulier n'est pas richesse pour la nation ou pour l'humanité. C'est par une étrange confusion d'idées que les esclaves ont été comptés à tant par tête dans l'inventaire des richesses de la nation qui tolérait une telle propriété. Si un être humain considéré comme une puissance productive est considéré comme richesse lorsqu'il est possédé par autrui, il n'est pas moins une part de la richesse nationale lorsqu'il se possède lui-même. Toute la valeur qu'il a pour son maître est autant de richesse qui lui est prise, et cette soustraction ne peut augmenter la richesse du maître et de l'esclave et de la nation à laquelle ils appartiennent. Dans une classification correcte, les habitants d'un pays ne sont pas comptés entre ses richesses : ils sont la cause et la fin de cette richesse. Le terme *richesse* désigne les objets désirables qu'ils possèdent en dehors d'eux-mêmes. Pour eux-mêmes ils ne sont pas la richesse, mais le moyen de l'acquérir.

On a proposé de définir la richesse, par le mot « instruments » ; on entendait par là non pas seulement les outils et les machines, mais encore toute l'accumulation, possédée par les individus ou les nations, de moyens d'atteindre le but. Ainsi, dans cette nomenclature, un champ est un instrument, car c'est un moyen de se procurer le blé ; le blé est un instrument, car c'est un moyen de se procurer la farine ; la farine, à son tour, est un instrument, car c'est le moyen de se procurer le pain ; le pain est un instrument, car c'est le moyen de satisfaire la faim et de soutenir l'existence. Là nous arrivons à des objets qui ne sont pas instruments, car ils sont convoités pour eux-mêmes et non plus seulement comme des moyens pour arriver à quelque chose au delà. Cette manière d'envisager les choses est toute philosophique ; rien n'empêche qu'on se serve de cette manière de parler, non parce qu'elle modifie l'aspect sous lequel les questions se présentent, mais parce qu'elle peut aider à les élucider. Néanmoins elle s'éloigne trop du langage ordinaire pour devenir d'une acception générale ; il importe de la réserver comme auxiliaire pour aider à l'explication des phénomènes dont s'occupe l'Économie politique.

Définissons donc la richesse ainsi : Toutes les choses utiles ou agréables qui possèdent une valeur échangeable ; en d'autres termes : Toutes les choses utiles ou agréables, excepté celles qui peuvent être obtenues, dans la proportion désirée, sans travail ou sans sacrifice. La seule objection qu'on puisse faire à cette définition est qu'elle laisse sans solution une question qui a été longtemps débattue, à savoir : Si ce qu'on appelle les produits immatériels doit être considéré comme richesse. Si, par exemple, l'habileté d'un ouvrier, ou toute autre puissance naturelle ou acquise du corps ou de l'esprit, doit ou non s'appeler richesse. Cette question n'a pas une bien grande importance, et sera d'ailleurs traitée et discutée dans une autre partie de ce livre.

Ces notions préliminaires sur la richesse une fois comprises, il importe d'examiner avec attention les différences extraordinaires que présentent, dans la somme de leurs richesses, les diverses nations du globe, soit qu'on les compare entre elles, soit qu'on les étudie dans des siècles successifs. Et ce n'est pas même dans la seule accumulation de la richesse que ces différences se font sentir, c'est aussi dans la variété des éléments qui la composent, c'est encore dans la manière dont ces éléments sont distribués parmi les diverses classes de citoyens.

Il n'existe peut-être aucun peuple, aucune tribu, aucune agglomération d'hommes qui aujourd'hui vive entièrement des produits spontanés du sol. Mais beaucoup de tribus sauvages subsistent encore exclusivement ou presque exclusivement de la chair des animaux sauvages, produits de la pêche ou de la chasse. Les peaux de ces animaux servent à les couvrir. Leurs habitations sont de simples huttes formées de troncs ou de branches d'arbres. Ils les construisent en quelques heures ; ils les abandonnent plus vite encore. Leurs aliments étant peu susceptibles de se conserver, ils ne prennent aucune peine pour les accumuler, et sont souvent exposés à de grandes privations. La richesse d'une pareille communauté consiste dans les seules peaux dont elle se couvre, quelques ornements dont le goût est répandu parmi presque toutes les nations sauvages, quelques ustensiles grossiers, les armes dont se servent ces tribus pour atteindre leur gibier ou pour disputer à d'autres tribus les éléments de leur subsistance, des canots pour traverser les fleuves, ou les lacs, ou pour pêcher, peut-être quelques pelleteries, ou quelques autres productions du désert, recueillies dans le but de les échanger contre les couvertures, l'eau-de-vie ou le tabac des nations civilisées ; telle est la courte et pauvre nomenclature des éléments de la richesse de ces peuplades. A cet inventaire il convient d'ajouter toutefois le sol de leur pays : c'est un instrument de production dont ils font bien peu d'usage si on les compare aux peuples civilisés, mais qui n'en est pas moins la source qui les nourrit, et qui a déjà pour eux une valeur échangeable, s'il se trouve à leur portée quelque peuple agricole à qui manque un sol étendu.

L'état de ces peuplades est l'état de pauvreté le plus extrême dans lequel puisse se trouver une communauté d'êtres humains ; nous disons une *communauté*, parce que dans une nation plus avancée il peut se trouver, et il se trouve, en effet, des individus dont le sort n'est guère au-dessus de celui du sauvage, des individus dont la subsistance est aussi précaire, dont les jouissances sont aussi nulles.

Le premier pas un peu marquant que font les nations sauvages dans la voie de la civilisation consiste à réduire à la domesticité quelques-uns des animaux les plus utiles ; passant ainsi à l'état pastoral et nomade, dans lequel l'homme ne vit plus seulement du produit de sa chasse, mais du lait et de ses produits, et de l'accroissement annuel des troupeaux. Cette condition est non seulement en elle-même une grande amélioration, mais elle ouvre la voie à une amélioration nouvelle, parce qu'on peut sous ce régime accumuler plus de richesses qu'auparavant. Aussi longtemps que les immenses pâturages naturels du sol ne sont pas tellement occupés qu'ils soient consommés plus rapidement qu'ils se reproduisent, le pasteur peut accumuler, conserver et accroître une grande abondance d'éléments de richesse, sous forme de nourriture, sans autre soin que celui de garder le troupeau contre les attaques des bêtes sauvages ou les déprédations des voleurs. C'est ainsi que d'immenses troupeaux ont souvent constitué la richesse d'hommes actifs et ardents au gain, soit qu'ils les eussent acquis par leurs propres efforts, soit comme chefs de tribus ou de familles, par les efforts de ceux qui leur sont liés par l'obéissance. De là découle, dans l'état pastoral, l'inégalité des richesses, chose extrêmement rare dans l'état sauvage, où personne ne possède rien au delà du nécessaire, et où chacun, en cas de disette, est forcé de partager avec la tribu. Dans l'état nomade, quelques-uns peuvent posséder de grands troupeaux, suffisants pour nourrir une multitude, tandis que d'autres moins industrieux n'en ont pas su former. Mais la subsistance a cessé d'être précaire, puisque les plus heureux n'ont rien de mieux à faire que de nourrir les autres; car, pour eux, accroître la population, c'est accroître leurs richesses et leur puissance. Par là ils sont bientôt dispensés de tout travail personnel, ils n'ont plus qu'une surveillance à exercer, et ils acquièrent des sujets, qui se battent pour eux pendant la guerre et travaillent pour eux pendant la paix. L'un des traits caractéristiques de cet état de société, c'est qu'une partie de la communauté, et, en quelque sorte, toute la communauté possède du loisir. Il ne faut que peu de temps pour assurer la subsistance, et le reste de ce temps n'est pas occupé en méditations pour acquérir la subsistance du lendemain, ni en repos forcé pour réparer les forces musculaires dépensées la veille. Une telle vie est extrêmement favorable au développement de besoins nouveaux, et présente la possibilité de les satisfaire. On désire de meilleurs vêtements, des instruments plus convenables, des armes plus efficaces, que ceux dont se contentait le sauvage. L'excédent de subsistances permet d'employer à leur confection une partie de la tribu. Aussi dans presque toutes les communautés pastorales trouvons-nous des fabriques souvent grossières, quelquefois très perfectionnées. Il est évident que du temps même où les contrées, berceau du genre humain et de la civilisation moderne, ne contenaient que des peuplades errantes, elles avaient fait déjà des progrès considérables dans les arts industriels, dans la filature, dans le tissage et la teinture, dans la préparation du cuir, et, ce qui paraît plus difficile encore, dans l'art de travailler les métaux. Les sciences spéculatives elles-mêmes, et parmi elles la science d'observation par excellence, l'astronomie, sont nées du loisir créé aux bergers par leurs occupations. C'est aux pasteurs de la Chaldée qu'avec une grande apparence de vérité le monde savant attribue les observations astronomiques les plus reculées.

De l'état pastoral à l'état agricole la transition ne semble pas facile. Aucun changement un peu sensible dans la condition de l'humanité ne s'obtient sans peine et sans douleur, et le temps en est un élément essentiel ; mais cependant on peut dire que la transition est dans le cours naturel des choses. L'accroissement de la population et du bétail fit sentir son influence sur les prairies naturelles qui s'offraient sans culture au pasteur. Cette cause amena sans doute le premier défrichement, comme à une période plus rapprochée la même cause fit déborder sur les nations agricoles les dernières hordes de pasteurs trop à l'étroit désormais dans leurs pâturages. Et ce ne fut que lorsque les peuples attaqués songèrent à organiser la défense que les barbares envahisseurs, privés de ce débouché à leur trop-plein, songèrent, à leur tour, à devenir cultivateurs.

D'après ces premiers efforts de la race humaine, on pourrait croire que ces progrès ont été désormais rapides et ininterrompus. Il n'en est rien cependant. Soumise à la culture, la terre, il est vrai, produisit une quantité de subsistance incomparablement plus considérable que les fruits spontanés qu'elle livrait aux peuples pasteurs ; mais cette abondance ne s'obtint pas sans un travail plus pénible, plus assidu, et qui laissa moins de loisir à une population qui néanmoins s'accrut dans la même proportion que les fruits dont elle avait la disposition. D'un autre côté, les instruments de labourage étaient grossiers, ils ne profitaient qu'aux plus forts et aux plus adroits ; et, pendant de longs siècles, les peuples agricoles furent moins riches, ils eu ent moins de loisir, ils épargnèrent moins que les nomades, leurs devanciers. Ils purent, moins qu'eux, payer la peine de ceux qui s'occupaient des travaux manufacturiers, ils eurent moins de produits destinés à la satisfaction de leurs besoins. Il y a plus : l'excédent, quel qu'il soit, est, en général, enlevé aux producteurs, soit par le gouvernement de leur pays, soit par des individus qui, au moyen de la force ou de la fraude, et en s'aidant des sentiments religieux ou traditionnels de subordination de leurs concitoyens, se sont érigés en maîtres de la terre.

Le premier de ces modes d'appropriation par le gouvernement est le caractère distinctif des grandes monarchies qui, depuis un temps immémorial, se sont fondées dans les plaines de l'Asie. Dans ces contrées, quoique différant en qualité, selon les accidents du caractère personnel du titulaire, les gouvernements s'accordent à ne laisser aux producteurs que ce qui leur est strictement nécessaire pour maintenir l'existence ; souvent même ils vont si loin qu'ils se trouvent, après les avoir dépouillés, obligés de leur restituer, pour l'ensemencement des terres et pour les nourrir jusqu'à la prochaine récolte, une partie de ce qu'ils leur ont ravi. Sous ce régime, l'État, en recevant de petites sommes d'un grand nombre, peut accumuler assez de richesses pour déployer un luxe imposant au milieu d'une population ruinée, et ce n'est guère que dans ces derniers temps que les Européens ont renoncé à l'opinion que le moyen âge entretenait sur les immenses trésors de l'Orient. Il est bien évident que, sans parler de la portion de cette richesse qui reste aux mains des collecteurs, le souverain n'est pas seul à en profiter. Les fonctionnaires de l'État en reçoivent leur part, et les favoris du prince ne sont pas oubliés. De temps en temps les travaux d'utilité publique en absorbent une partie. Les réservoirs, les puits, les aqueducs, les canaux d'irrigation, choses souvent indispensables à toute culture dans la plupart des pays tropicaux, les digues qui retiennent les rivières, les bazars des marchands, les caravansérails des voyageurs, que les ressources bornées de ceux qui s'en servent ne leur eussent jamais permis de construire, sont dus à ce qu'on appelle la libéralité et à l'intérêt bien compris des princes les meilleurs, quelquefois à la bienfaisance ou à l'ostentation d'un riche particulier, dont la fortune, si l'on en recherche la source, ne saurait manquer de provenir, de près ou de loin, des revenus publics, et le plus habituellement de l'abandon direct qu'a fait le prince en sa faveur d'une part de ses revenus.

Le maître d'une telle société, après avoir pourvu largement à son propre établissement et à la fortune de tous ceux qui l'intéressent, après avoir soudoyé autant de soldats qu'il juge nécessaire d'en entretenir pour sa propre sécurité, s'il possède encore un excédent, est bien aise de l'échanger contre des objets de luxe appropriés à son usage. Il en est de même de ceux qu'il a enrichis, ou que la perception des revenus publics a enrichis. De là naît la demande d'articles d'une fabrication dispendieuse, destinés à un marché très restreint mais très riche. Le plus souvent ce sont les marchands étrangers qui se chargent de cette espèce d'approvisionnement ; mais souvent aussi cette demande crée des ouvriers d'une grande habileté, dont les œuvres sont presque toujours remarquables par la patience, par la dextérité de main, par la perspicacité et la puissance d'observation qu'elles témoignent de la part d'hommes toujours ignorants des propriétés des corps. Tels sont quelques-uns des produits de coton de l'Inde. Ces ouvriers sont nourris par l'excédent de production que le gouvernement s'est approprié par lui-même ou par ses agents. Et cette assertion est si vraie, qu'en quelques lieux l'ouvrier, au lieu de travailler chez lui et d'aller chercher son salaire quand l'œuvre est achevée, porte ses outils chez le demandeur, qui le nourrit pendant qu'il travaille.

Le peu de sécurité cependant de la propriété dans ces sortes de gouvernement porte même les plus riches consommateurs à donner la préférence aux objets qui, étant de leur nature impérissables et contenant une grande valeur sous un petit volume, peuvent être facilement cachés ou enlevés. L'or, les bijoux, constituent en conséquence une grande portion de la richesse de ces nations, et il est plus d'un riche asiatique qui porte presque toute sa fortune sur sa personne ou sur celle des femmes de son harem. Personne, en ces contrées, ne conçoit l'idée d'un placement permanent. Le monarque cependant, s'il se croit assuré sur son trône, peut faire exception à la règle, et se donner le plaisir de bâtir les pyramides, ou le Taj Mehal, ou le mausolée de Sekundra.

Quant aux cultivateurs, ils sont habillés par les artisans des villages, auxquels est allouée, en guise de salaire, une certaine portion de terre franche de redevance, ou une allocation de grains prise sur ce que le gouvernement laisse aux habitants.

Dans un tel état de société, il existe toutefois une classe mercantile ; elle est uniquement composée des marchands de grains et des marchands d'argent, de numéraire. Les marchands d'argent font des avances aux cultivateurs, lorsque ces malheureux se trouvent ruinés par les exactions fiscales ou par les mauvaises saisons ; ils les aident ainsi à vivre jusqu'à la prochaine récolte et à ensemencer de nouveau leurs champs. Il va sans dire que ces avances sont payées par un intérêt énorme. Ces marchands de numéraire font encore un autre trafic, et ce n'est pas le moins lucratif. Ils font des avances au gouvernement lui-même ou aux grands dignitaires auxquels le gouvernement a concédé une portion du revenu public ; ceux-ci, pour les payer, leur abandonnent la perception des taxes d'un certain district, ou bien encore une délégation sur les collecteurs eux-mêmes. En même temps, et pour faciliter les recouvrements, ces prêteurs sont investis d'une portion de l'autorité et des privilèges de l'État. Ils en usent et abusent jusqu'à l'entière libération du Trésor à leur égard. On voit que les opérations commerciales de ces deux espèces de trafiquants sont bornées à cette portion de la production du pays qui constitue le revenu de l'État. C'est de ce revenu seul qu'ils tirent leurs profits, et l'on peut dire que leur capital lui-même n'a pas une autre origine.

Telle est la condition générale de la plupart des contrées de l'Asie ; telle elle a été depuis les temps historiques connus ; telle elle est encore partout où des causes étrangères ne sont pas venues la troubler.

Dans les communautés agricoles de l'ancienne Europe, dont l'histoire nous est le mieux connue, les choses se sont passées autrement. A leur origine, ces communautés étaient en général de petites agglomérations de cités, dont les premiers constructeurs, soit qu'ils se fussent établis dans une contrée déserte, soit qu'ils eussent expulsé les possesseurs antérieurs, s'étaient partagé le sol à peu près également entre eux. Dans quelques cas, au lieu d'une seule cité, c'était une confédération de plusieurs cités qui composait la communauté. Ces villes étaient occupées alors par des hommes réputés de même race, et qui s'étaient établis dans le pays à peu près à la même époque. Chaque famille y produisait sa propre subsistance, y fabriquait ses propres vêtements ; en général, les femmes étaient chargées du soin de leur confection. Ces communautés ne connaissaient pas l'impôt ; il n'y avait pas d'agents du gouvernement à salarier, et, s'il en existait, une portion de sol, cultivée par des esclaves au compte de l'État, y pourvoyait à leur entretien. En conséquence, le produit total du sol, sans déduction, appartenait à la famille qui le cultivait.

Tant que la marche des événements permit la continuation d'un tel état économique, la situation des citoyens libres, formant la majorité des cultivateurs, dut être heureuse. Aussi ces périodes furent-elles, en beaucoup de cas, marquées par un progrès considérable, rapide, brillant, dans le développement intellectuel du genre humain. Ce fut surtout dans les contrées où une position géographique heureuse se trouvait secondée par certaines circonstances de race, de climat, etc. ; dans les contrées où une communauté assise sur les bords d'une grande mer intérieure, par exemple, avait en face d'elle, sur les bords opposés, des communautés déjà développées.

Pour ces peuples, la routine fut moins inexorable. Le contact d'autres nations ouvrit les esprits aux idées et aux habitudes étrangères. Pour ne parler que du développement industriel de ces communautés, elles connurent plus tôt que d'autres des besoins multipliés, et pour les satisfaire, elles s'attachèrent à faire rendre au sol tout ce qu'il put donner : puis, lorsqu'elles l'eurent épuisé, elles se firent trafiquantes et importèrent les produits étrangers pour les échanger au loin avec profit.

Dès son origine, cependant, cet état social fut précaire. Ces petites communautés vécurent dans un état de guerre presque continuel. Les causes en sont faciles à comprendre. Pour celles plus grossières et purement agricoles, ce fut la pression constante exercée sur les produits d'un sol limité par une population croissante, pression aggravée par toutes les mauvaises récoltes. Dans de semblables circonstances, il arrivait que la communauté tout entière, logée trop à l'étroit, émigrait en masse, ou bien qu'à des époques presque périodiques, elle envoyait toute sa jeune population chercher au bout de l'épée quelque nation moins guerrière qu'on chassait de son patrimoine, ou mieux qu'on retenait pour cultiver désormais le sol au profit du vainqueur.

Ce que les tribus les plus pauvres faisaient ainsi par nécessité, les tribus riches et puissantes le faisaient par ambition et avidité ; si bien qu'en un temps donné toutes ces communautés de cités furent ou conquérantes ou assujetties. Quelquefois le vainqueur se contentait d'imposer un tribut au vaincu, et ce tribut, fruit de la violence, avait souvent ce résultat que, dispensant la nation soumise de toute dépense et de tous les soins de sa conservation, cette nation pouvait prospérer et marquer son passage par des découvertes et des applications utiles. La nation conquérante, cependant, en obtenait à son tour un accroissement de richesse qu'elle appliquait uniquement à la satisfaction de ses goûts de luxe et de magnificence. De cette source sont sortis les fonds qui ont payé la construction du Parthénon et des Propylées ; ceux qui ont payé les sculptures de Phidias et les fêtes célèbres pour lesquelles ont été écrits les chefs-d'œuvre d'Eschyle, de Sophocle, d'Euripide, d'Aristophane.

Mais un tel état social, tout utile qu'il était au progrès de l'humanité pendant sa durée, n'avait point en soi les éléments d'un long avenir. Une petite nation, lorsqu'elle ne prend pas soin de s'assimiler les peuples qu'elle a conquis, finit nécessairement par être conquise à son tour. La domination universelle devait donc un jour échoir en partage à la seule nation de l'antiquité qui eût compris cette vérité, les Romains. Quels que fussent les motifs de leurs guerres, elles finissaient toujours par la confiscation de la plus grande portion du territoire conquis, donnée en récompense aux principaux d'entre eux, et ils avaient soin d'appeler au sein du gouvernement les plus riches des indigènes auxquels, dans ce dessein, ils conservaient leurs biens.

Il est inutile de nous arrêter à l'histoire économique si désastreuse de l'empire romain. Quand l'inégalité des richesses commence, chez un peuple qui ne travaille pas à réparer constamment par l'industrie les injures de la fortune, cette inégalité se développe à pas de géant. Les masses accumulées de richesses ne tardent pas à absorber le reste. L'empire romain se couvrit à la longue de vastes domaines territoriaux possédés par quelques familles, auxquelles furent ainsi dévolues toutes les jouissances du luxe, toutes les splendeurs de l'ostentation, tandis que les cultivateurs du sol étaient esclaves ou pauvres petits tenanciers dont la condition ne valait guère mieux que celle des esclaves eux-mêmes. A dater de cette époque, la richesse de l'empire déclina d'abord ; les revenus publics et les ressources des riches avaient suffi à couvrir l'Italie d'édifices splendides et d'habitations somptueuses ; mais plus tard ces revenus, ces ressources diminuèrent sous l'influence énervante des mauvais gouvernements, et il ne resta plus même assez de richesse disponible pour la simple conservation et l'entretien de ces masses de pierre et de marbre. La force et la richesse du monde civilisé ne furent plus un obstacle contre les incursions des peuples nomades dont l'empire était menacé au Nord. Ces peuples firent irruption ; l'antique civilisation disparut et fit place à un nouvel ordre de choses. (*Principes d'Économie politique.*)

Pour l'émancipation des femmes

On va souvent répétant que dans les classes les plus sujettes aux tentations l'homme est poussé à garder son honneur par la pensée de sa femme et de ses enfants : la première ayant sur lui une influence bienfaisante, et l'intérêt qu'il porte aux seconds l'arrêtant sur la pente du vice. Il en est sans doute souvent ainsi, mais cette influence serait fortifiée par des lois d'égalité ; elle n'est en aucune façon une conséquence de la servitude de la femme. L'influence de celle-ci s'applique, en effet, à empêcher le mari de tomber au-dessous de l'idéal universellement approuvé dans le pays ; mais elle tend tout aussi bien à l'empêcher de s'élever au-dessus. Un homme qui a épousé une femme inférieure à lui en intelligence, trouve en celle-ci un boulet à traîner, bien plus, il a devant lui une force de résistance à vaincre, chaque fois qu'il cherche à devenir meilleur que l'opinion publique ne le demande. Un tel homme, ainsi enchaîné, ne peut guère parvenir à un éminent degré de vertu. S'il n'est pas de l'avis du vulgaire, si des vérités lui apparaissent dont l'évidence n'éclate pas aux yeux de sa femme, s'il veut conformer sa vie à des principes qu'on ne fait qu'honorer des lèvres, il trouve dans son mariage le plus grand obstacle, si sa femme n'est pas comme lui au-dessus de la moyenne.

Tout d'abord, il est nécessaire qu'il sacrifie quelque chose de son intérêt soit dans ses relations, soit dans sa fortune ; peut-être même risque-t-il de perdre ses moyens d'existence. Célibataire, il n'hésiterait pas un seul instant à courir ces risques, mais s'il s'agit de les imposer aux siens, il hésitera. Sa famille, c'est sa femme et ses filles, car il espère toujours que ses fils partageront ses sentiments, qu'ils seront capables de se passer de ce dont il se passe, qu'ils n'hésiteront pas à se sacrifier à la même cause. Il n'en est plus de même pour ses filles. Leur mariage, en effet, peut dépendre de sa conduite. Quant à sa femme, impossible pour elle de pénétrer dans le fond des choses pour lesquelles elle fait ces sacrifices. Si elle croit qu'il a raison, c'est uniquement par amour pour lui qu'elle pense ainsi. Elle est absolument étrangère à l'enthousiasme qui l'entraîne ou à l'approbation qu'il trouve dans sa conscience, alors que ce qu'il veut ainsi sacrifier, c'est ce qui est le plus précieux à ses yeux. L'homme le meilleur, je dirai même le plus désintéressé, ne se verra-t-il pas arrêté quand il sera sur le point de faire son choix, quand il considérera les conséquences funestes qui en découleront pour sa femme ?

Alors même qu'il ne sera pas question de sacrifier le bien-être de la vie, mais seulement la considération sociale, le poids qui viendra peser sur sa conscience ne sera-t-il pas encore bien lourd ? Celui qui a femme et enfants a donné des otages à l'opinion du monde. L'approbation du public peut lui paraître chose indifférente, mais il ne peut en être de même pour son épouse. L'homme peut se mettre au-dessus de l'opinion, se consoler de ses jugements en se contentant de l'approbation de ceux qui sont de son avis ; mais il ne peut offrir aucune compensation de ce genre à sa femme et à ses filles. La tendance presque universelle qu'a la femme à mettre son influence du côté où l'on gagne en considération lui a souvent été reprochée comme trait de faiblesse ou de puérilité. C'est absolument injuste. Dans les classes aisées, toute la vie de la femme n'est qu'un perpétuel sacrifice ; elle doit sans cesse comprimer toutes ses inclinations naturelles, et en retour de ce martyre, la société ne lui donne qu'une récompense : la considération.

La considération de la femme ne peut se séparer de celle du mari ; et voici qu'après l'avoir achetée et payée, on l'en prive par des considérations dont elle ne peut comprendre la puissance. Elle lui a sacrifié sa vie tout entière : comment son mari ne lui sacrifierait-il pas un caprice, une excentricité qui est aux yeux du monde une folie, ou pis encore ?

(De l'assujettissement des femmes.)

De l'égalité dans le mariage

Rien ne peut être plus opposé à l'union des esprits et des sentiments, idéal du mariage, que la différence qui existe entre l'éducation et le caractère de la femme d'une part, et l'éducation et le caractère de l'homme d'autre part. Une société intime entre personnes radicalement différentes l'une de l'autre est une folie. La différence peut attirer, mais c'est la ressemblance qui retient... Les deux conjoints seront amenés à fréquenter ou à recevoir des sociétés différentes. Chacun recherchera ceux qui partagent ses goûts : les personnes plaisant à l'un, déplairont à l'autre ; et pourtant ils ne peuvent occuper dans la même maison des appartements séparés, ni recevoir chacun des visiteurs différents, comme cela se passait sous Louis XV. Ils ne peuvent pas s'empêcher non plus d'avoir des idées différentes sur l'éducation des enfants, chacun tenant à voir ses enfants refléter ses propres sentiments. Avec l'éducation que les femmes reçoivent, le mari et son épouse ne peuvent trouver que fort rarement l'un chez l'autre une réelle sympathie de goûts et de désirs sur les affaires quotidiennes.

Au contraire, quand deux personnes s'attachent l'une à l'autre et ne sont pas trop différentes, elles s'intéressent également aux questions qui touchent aux grands objets de la vie, se prêtent une assistance mutuelle, et s'encouragent l'un l'autre en tout ce qui les regarde ; il y a une base pour une amitié solide et permanente qui, plus que toute autre chose, fera que, durant toute la vie, chaque époux préfèrera le plaisir de l'autre au sien propre...

Ce n'est pas impunément que le supérieur par l'intelligence se condamne à vivre avec un inférieur qu'il choisit pour son compagnon unique et intime. Toute compagnie qui n'élève pas rabaisse, et plus elle est intime et familière, plus elle aboutit à ce résultat. Un homme réellement supérieur perd de sa valeur quand il est uni à une femme inférieure à lui. Qu'est-ce qu'il se donne là, sinon une servante ou une maîtresse ? Le mari désireux d'une communauté intellectuelle trouve, pour se satisfaire, une communauté où il n'apprend rien ; une compagnie qui ne le perfectionne pas, ne le stimule pas, et dès qu'il ne se perfectionne plus, il dégénère.

La femme qui ne pousse pas son mari en avant, le retient. Le mari cesse de s'intéresser à ce qui n'a pas d'intérêt pour sa femme ; il fuit la société qui partageait ses premières aspirations et qui le ferait rougir de les avoir abandonnées. Alors les plus nobles facultés de son esprit et de son cœur cessent d'agir, et au bout de quelques années il ne diffère plus, par aucun point essentiel de ceux qui n'ont jamais eu d'autre désir que de satisfaire une vanité vulgaire, ou l'amour du lucre.

Que serait l'union dans le mariage de deux personnes également instruites, ayant mêmes opinions, mêmes visées, différant seulement par le degré de développement des facultés, l'une l'emportant par celle-ci, l'autre par celle-là, pouvant lever l'une vers l'autre des yeux remplis d'admiration, goûtant tour à tour le plaisir de guider l'autre dans le sentier du développement et de l'y suivre ? Je n'essayerai pas de le dire. Les esprits capables de se le représenter n'ont nullement besoin de mon aide, et les autres y verraient seulement le rêve d'un enthousiaste. Mais je soutiens avec la conviction la plus profonde que là, et là seulement, est l'idéal du mariage.

(*L'assujettissement des femmes.*)

Patrons et ouvriers

Dans l'état actuel de l'humanité, alors que les idées d'égalité se répandent de plus en plus dans la classe ouvrière, et qu'on ne pourrait les arrêter que par l'absolue suppression de toute liberté de discussion, il n'est plus possible d'espérer maintenir l'ancienne division de l'humanité en deux classes héréditaires : patrons et salariés. Déjà même les rapports sont aussi désagréables pour celui qui paie les salaires, que pour celui qui les reçoit. Si, pour le riche, le pauvre est comme un serviteur dont la dépendance repose sur une sorte de loi naturelle, le pauvre, à son tour, le regarde comme sa proie. Les espérances contre le patron sont infimes ; on les voit croître à mesure qu'il fait des concessions. Le temps viendra où il sera absolument insupportable à ceux qui emploient les ouvriers de vivre en perpétuel contact avec des hommes qui par question d'intérêt montrent à l'égard de ceux qui les font vivre des sentiments véritablement hostiles. Les entrepreneurs sont tout aussi intéressés que ceux qu'ils emploient à mettre les opérations industrielles sur un pied tel que ceux qui travaillent s'intéressent autant à ce qu'ils font que ceux qui travaillent pour eux-mêmes...

A moins que le despotisme militaire qui triomphe en ce moment sur le continent ne réussisse dans ses criminels desseins contre le progrès de l'esprit humain, il est certain que l'état de salarié ne sera bientôt plus que celui des ouvriers que leur abaissement moral rendra indignes de l'indépendance, et que les rapports de patron à ouvrier seront remplacés par l'association sous une ou deux formes : association temporaire, en certains cas, des ouvriers avec l'entrepreneur ; dans d'autres cas, association des ouvriers entre eux.

(*Économie Politique.*)

Les bienfaits de la religion

La religion et la poésie s'adressent par un de leurs côtés à la même partie de la nature humaine : elles satisfont le même besoin, je veux dire, celui des conceptions idéales plus grandioses et plus belles que toutes celles que nous voyons se réaliser dans la vie ordinaire de l'homme. La croyance à un Dieu, à une vie au delà de la tombe, sont en quelque sorte un canevas sur lequel chaque esprit selon ses talents vient broder des images idéales qu'il invente ou qu'il reproduit. Dans cette vie à venir, l'homme espère rencontrer le bien qu'il n'a pas réussi à trouver en ce monde, ou le mieux que lui fait concevoir le bien dont il n'a aperçu ici-bas qu'une partie... Tant que la vie demeurera si inférieure aux aspirations de l'homme, il conservera dans son âme un ardent désir pour les choses supérieures, qui trouvera sa satisfaction la plus complète dans la religion. Tant que la vie terrestre sera pleine de souffrances, on sentira le besoin des consolations que l'espérance du ciel apporte à l'âme égoïste, et l'amour de Dieu à l'âme charitable et reconnaissante. *(Essais sur la religion.)*

TABLE DES MATIÈRES

Paris-Lille. Imp. Taffin-Lefort. 30-1-25.

Ont déjà paru

dans la

Collection Étrangère

des

CLASSIQUES POUR TOUS

Textes Anglais :

Byron. . . .	The Prisoner of Chillon. - Mazeppa (1 vol.).
Coleridge . .	The Rime of the Ancient Mariner and Other Poems.
Dickens . . .	David Copperfield.
Emerson. . .	English Traits.
Frazer . . .	Selected Passages.
Lamb. . . .	Tales from Shakespeare.
Ruskin . . .	On the Nature of Gothic.
Scott (Walter).	Ivanhoë.
Shakespeare .	
— .	Macbeth.
Shelley . . .	Selected Poems.

Textes Espagnols :

Cervantes . .	Don Quichote de la Mancha.

www.ingramcontent.com/pod-product-compliance
Ingram Content Group UK Ltd.
Pitfield, Milton Keynes, MK11 3LW, UK
UKHW022129260726
13993UKWH00003B/1334

9 782329 200835